Sardinien

Friederike von Bülow

Inhalt

Erläuterung der Symbole

Für Familien mit Kindern besonders geeignet

Diese Unterkünfte haben behindertengerechte Zimmer

In diesen Unterkünften sind Hunde erlaubt

CREDIT *Alle Kreditkarten werden akzeptiert*

Keine Kreditkarten werden akzeptiert

Preise für eine Übernachtung im Doppelzimmer mit Frühstück:

●●●● *ab 300 €* ●● *ab 60 €*
●●● *ab 150 €* ● *ab 30 €*

Preise für ein Menü oder Buffet, ohne Getränke:

●●●● *über 100 €* ●● *über 30 €*
●●● *über 60 €* ● *bis 15 €*

Karten und Pläne

Die Buchstaben-Zahlen-Kombinationen im Text verweisen auf die Planquadrate der Karten, z. B.
---> S. 119, D 7 Kartenatlas

Sardinien stellt sich vor

Schwimmen, Tauchen, Segeln, Surfen – Sardinien, wie hier an der Ostküste, ist ein Wassersportparadies par excellence.

Sardinien ist unvergleichlich: wilde Berge, sanfte Strände und viel Sonne. »Sardinien, das keinem anderen Ort gleicht«, schrieb bereits der Schriftsteller D. H. Lawrence ...

Das Glück der Ankunft. Nur auf Sardinien erlebe ich es so intensiv. Dann, wenn das Flugzeug zu seiner letzten Schleife ansetzt, wenn ich aus dem kleinen Fenster schaue, das türkisfarbene Meer sehe, die weißen Segel- und Motorboote, die wie Perlen glänzen. Und wenn ich mich darüber freue, dass sie wiedergekommen sind, die rosa Flamingos, die in den Salinen Cagliaris Rast machen. Wenn sich die ersten Häuser in meinen Blick schieben, die einen bunt wie Bauklötze, die anderen braun wie die Erde, dann dauert es nur noch ein paar Minuten, bis Cagliari mich wieder hat. Die freundlichste Hauptstadt, die ich kenne.

Ich atme warme, weiche Luft. Sardische Luft. Sie ist anders als die italienische. So wie sich auch die Sarden von den Festlands-Italienern unterscheiden. Es ist dieser Stolz, der einen immer wieder fasziniert. Es ist ein Stolz gepaart mit unglaublicher Gastfreundschaft, Fröhlichkeit und gleichzeitig Zurückhaltung. Selbst in den Ferienregionen der Insel, wo sich Urlauber aus Deutschland, England und Italien erholen, bleibt die Heiterkeit in den sardischen Gesichtern.

Tourismus ist heute der einzige wirklich blühende Wirtschaftszweig auf Sardinien. Die aus dem Boden gestampfte Industrie in Carbonia an der Südwestküste und in Cagliari hat nie viel eingebracht – weder Arbeitsplätze noch Geld. Höchstens ein paar unansehnliche Fabrikgebäude und Ölraffinerien. Ohne die Feriengäste würde es Sardinien heute sehr viel schlechter gehen. Die Sarden wissen das und freuen sich über Urlauber aus dem europäischen Ausland. Nicht nur, weil sie das nötige Geld bringen, sie freuen sich auch über fremde Menschen, weil sie interessiert sind, wissen wollen, wie andere leben, denken, fühlen.

Die sardischen Politiker scheinen das noch immer anders zu beurteilen. Sie kümmern sich recht wenig um den Tourismus auf ihrer Insel. Für die wirtschaftliche Entwicklung ist dieses Verhalten nicht besonders gut, für die Touristen dagegen ist es wunderbar. Auf den etwa 1800 Kilometern Küste

Friedliche Idylle im Inselinneren: Der malerische Stausee Lago del Cedrino erstreckt sich zwischen Dorgali und Nùoro.

rund um Sardinien werden Sie nur sehr selten gigantische Hotelkomplexe wie zum Beispiel in Spanien sehen. Stattdessen kleinere Feriensiedlungen, die – mal mehr, mal weniger gelungen – in die duftende Macchia gekuschelt an Berghängen kleben.

Die freundliche Hauptstadt brodelt in der Mittagshitze. Die Straßen sind fast leer, die Geschäfte geschlossen. Zeit für einen ersten Cappuccino. Vollkommen unitalienisch zu dieser Tageszeit, aber es ist eines meiner sardischen Rituale. Um die Mittagszeit schläft hier alles. In der heißen Hauptstadt, im meist etwas kühleren Norden und im bergigen Hinterland der Insel. Sardinien erwacht erst wieder am Nachmittag. Dann füllen sich auch die Strände an der Szene-Küste Costa Smeralda und die Straßen der touristischen Hauptstadt Alghero im Nordwesten. Die Schafe und Ziegen in der Barbagia und der Ogliastra, den einsamsten und verwunschensten Gegenden bei Nùoro, kriechen aus dem Schatten der Olivenbäume.

Sardinien ist so vielfältig wie ein ganzer Kontinent. Viele Menschen denken bei Sardinien, der zweitgrößten Mittelmeerinsel, an die Mafia und an alte, zerknittert aussehende Schafhirten. Den meisten fällt allerdings die teure Costa Smeralda mit den traumhaften Yachten, den vornehmen Hotels und eleganten Menschen ein.

All das gibt es an diesem Küstenabschnitt im Norden der Insel tatsächlich. Es macht Spaß, den Butlern auf den blank geputzten, luxuriösen Yachten aus aller Welt zuzuschauen, wie sie den Herrschaften Tee servieren. Es ist auch schön zu sehen, wie gut gelaunte Touristen auf ihren Motoryachten ablegen, um auf offener See Feste zu feiern. All das ist interessant, ist witzig und auch ein bisschen spannend. Aber es ist nicht das

Die natürliche Schönheit der Insel lässt sich auch in den Gesichtern der Bewohner ablesen.

eigentliche Sardinien. Es ist das künstliche Sardinien, das Aga Khan für sich und andere Erholungsuchende schuf.

Die Insel bietet eine Vielzahl an kulturellen Schätzen. Da sind zum Beispiel die rund 3000 Jahre alten

Die sardische Seele

Nuraghen, steinzeitliche Kastelle, die noch heute das Bild Sardiniens prägen. Damals, als die Insel auch im Inneren noch dicht besiedelt war, stand in jeder kleinen Ortschaft eine Nuraghe, Bauten der Dorfoberhäupter und Fluchtpunkte der Bevölkerung, wenn Gefahr drohte. Man schätzt die Zahl der damals gebauten Nuraghen auf etwa 7000.

Da ist aber auch die ursprünglich phönizische Siedlung **Tharros** aus dem 8. Jahrhundert v. Chr., die von den Römern überbaut und im 11. Jahrhundert – wahrscheinlich wegen einer Epidemie – von ihren Einwohnern verlassen wurde. Eindrucksvoll sind auch die gut erhaltenen Mosaiken in **Nora**, einer bedeutenden Römersiedlung auf Sardinien. Und es gibt die mehr als 100 romanischen Kirchen, die kleinen gotischen Kapellen und die Kathedrale **Santa Maria** aus dem 13. Jahrhundert in Cagliari.

Und dann noch diese wunderbare Natur: atemberaubende Klippenküsten bei Capo Testa, kleine, verträumte Strandbuchten zwischen Cagliari und Villasimius. Sattgrüne Landschaft um Barùmini und von der Sonne verbranntes Weideland im Norden. Korkeichenwälder am Stausee Lago del Coghinas und kahle Gebirgslandschaften im Sopramonte. Dunkle Tropfsteinhöhlen bei Arbatax und ein tiefblaues, klares Meer rund um die Insel. Und dann gibt es da auch noch diese herrlichen Weinberge, die den besten Rotwein hervorbringen, den wunderbaren Schafkäse und das »Pane carasau«, das typisch sardische Brot – das alles ist Sardinien …

Eine Insel verwirrender Gegensätze. Sie sind es, die viele Besucher so faszinieren, sie immer wieder nach Sardinien zurückkommen lassen. Aber man muss diese Gegensätze auch entdecken wollen. Urlauber, die ihre Ferien nur an den strahlenden Stränden und in der heilen Hotelwelt verbringen, die ihnen alle gewohnten Annehmlichkeiten bietet, werden die verschlossene sardische Seele nie entdecken, nie begreifen. Für sie wird Sardinien deshalb gegen andere Mittelmeerinseln austauschbar sein.

Wenn die Insel aus ihrem Mittagsschlaf erwacht, erwacht auch der Verkehr in den Straßen der wichtigsten Städte. In Alghero genauso wie in Sassari, in Olbia, Nùoro, Oristano und Cagliari. Hupend strömen die Autos an mir vorüber. Es herrscht eine unglaubliche Hektik auf den Straßen. Es ist laut, dennoch sind es für mich fast liebenswerte Geräusche, gehören sie doch zu den sardischen Städten. So wie die Stille zur Landschaft. In den kleinen Buchten bei Arbatax und Tortolí dagegen hört man nur die Wellen leise auf den Strand schwappen.

Im **Gennargentu**, in der bizarren Bergwelt und am höchsten Gebirgsmassiv (1834 Meter) der Insel, zirpen Grillen, zwitschern Vögel. Und manchmal rumpelt ein kleiner Zug durch die Stille. Er bummelt durch die faszinierende Landschaft Sardiniens. Durch die Täler der **tacchi** bei Jerzu und Ulassai. Tafelberge, die mit etwas Fantasie an die Tafelberge im amerikanischen Monument Valley erinnern. Anstrengungen, dieses Gebiet zu einem **Nationalpark** zu erklären, haben bisher noch nicht so recht gefruchtet. Aber die Sarden werden nicht aufgeben. Sie lieben das Gennargentu, das »Tor des Windes«. Es ist das Lieblingsziel Ruhesuchender, Wanderer und Kletterer. Im Duft der Macchia wandert man oft stundenlang, ohne einer Menschenseele zu begegnen.

»Tor des Windes« – Bald erster Nationalpark?

Das ökologische Verständnis der Sarden ist leider noch immer nicht so entwickelt, wie man es sich wünscht. Illegale Müllkippen werden zwar weniger, aber Unrat an den Straßenrändern und rund um Baustellen gehört noch immer zum Alltagsbild. Viele Sarden haben inzwischen begonnen, auch an die Umwelt zu denken, und nehmen Tüten und Flaschen nach einem Picknick am Strand wieder mit nach Hause. Aber es wird ihnen schwer gemacht. Solange Getränke in Plastikflaschen günstiger sind als wieder verwertbare Glasflaschen, solange billiges Plastikgeschirr zur Picknick-Standardausrüstung gehört, werden sich die Sarden nicht umstellen.

Auch die Arbeitslosenquote ist hoch. In Cagliari erreicht sie bis zu 20 Prozent. Viele Sarden gehen noch immer in die Städte oder wandern gar aufs Festland ab, um dort zu arbeiten, was auch nicht einfach ist. Die Einnahmen aus dem Tourismus fließen nicht zwangsläufig in die Kassen der Stadt. Manchmal verschwinden sie in dunklen Kanälen, wie so manch andere Dinge ebenfalls inoffiziell geregelt werden. Vor einigen Jahren errichteten zum Beispiel einige Bauherren illegal, aber mit Zustimmung der lokalen Politiker, neue Feriensiedlungen. Kleine, zum Teil recht gelungene Reihenhäuser oberhalb der zulässigen Bebauungsgrenze an der Küste. Dann verschwanden die zustimmenden Politiker, ihre Nachfolger verboten die Fertigstellung. Und jetzt stehen einige dieser Häuser noch da, nicht bezugsfertig – auch das ist Sardinien.

Aber zum Glück ist dieses menschliche Gegeneinander nicht der Regelfall. Im Gegenteil. Die Insulaner fühlen sich in erster Linie als Sarden. Das lässt sie auf eine gewisse Art und Weise zusammenhalten; und sie sind nicht gerade begeistert, wenn man sie als Italiener bezeichnet. Die Sarden sind sehr stolz und im Gegensatz zu den Festlands-Italienern sehr zurückhaltend, fast ein wenig verschlossen. Trotzdem haben sie die liebenswerte Angewohnheit, sich abends auf der schönsten Piazza des Dorfes zu treffen – sehen und gesehen werden ist auch auf Sardinien ein wichtiges Vergnügen.

Die Mädchen und Frauen stehen zusammen, sprechen den neuesten Klatsch durch, begutachten die hübschesten Kleider. Die meisten Frauen beobachten ihre Freunde und Männer mit Argusaugen, haben sie fest im Griff. Die Männer sitzen zusammen, reden viel über ihr Lieblingsthema Fußball oder beschweren sich über ihre eifersüchtigen Freundinnen und Ehefrauen. Und sie schwärmen von den Kochkünsten ihrer Mütter, die die Pasta immer noch am besten zubereitet.

Spricht man als Tourist vielleicht ein paar Brocken Italienisch, wird man in das Zeremoniell der abendlichen Zusammenkünfte auf den »piazze« schnell eingebunden. Um aber die Freundschaft der Sarden zu gewinnen, muss man wiederkommen. Es dauert, bis man sie versteht, bis man wirklich an sie herankommt, aber wenn man es geschafft hat, ihr Vertrauen zu gewinnen, dann hat man auch Freunde fürs Leben gewonnen.

Freunde fürs Leben

Lanusei, die »Hauptstadt« der Ogliastra, ist auf halber Berghöhe erbaut. Der hübsche Ort ist ein guter Ausgangspunkt für schöne Wanderungen.

Gewusst wo ...

Wild, romantisch, schroff: Sardinien zeigt sich von den verschiedensten Seiten. Hier: die Insel La Maddalena im Nationalpark dell'Arcipelago de la Maddalena.

Es gibt fast nichts, was es auf Sardinien nicht gibt. Man muss nur wissen, wo man die tollsten Mitbringsel, die schönsten Strände und die buntesten Festivals findet. Die Antworten stehen hier.

Übernachten

Egal ob Hotel, Pension oder Ferienwohnung – Sardinien bietet enorme Übernachtungsvielfalt.

Im ursprünglich im 14. Jahrhundert erbauten Kloster San Franceso in Alghero treffen geistliche und weltliche Interessen aufeinander: In einem Teil des Klosters ist heute ein Hotel untergebracht.

Fremdenverkehrsbüros, die Unterkünfte vermitteln und auch Prospekt- und Kartenmaterial verteilen, finden sich auf der ganzen Insel. In den großen Städten gibt es den Sardischen Verband für Fremdenverkehr (**E.S.I.T.**) und die Städtischen Verkehrsvereine (**A.A.S.T**). In den kleineren Orten kümmern sich die **Associazioni Pro Loco** um die Vermittlung von Unterkünften für Touristen. Angeboten werden Hotels, Ferienwohnungen, Pensionen und Campingplätze. Jugendherbergen gibt es derzeit nur zwei: in Árbus, Provinz Cagliari und in Alghero, Provinz Sassari.

Die meisten Hotels öffnen erst im Mai, einige sogar erst im Juni, mit dem Beginn der Badesaison. In der Hochsaison besteht keine Chance, ohne Vorausbuchung ein Hotelzimmer zu ergattern. Das gilt vor allem für die kleineren **Familienbetriebe**, die meist die wirklichen Highlights eines Sardinienurlaubes sind. Häufig steht hier »la mamma« noch selbst in der Küche und bekocht ihre wenigen Gäste. Derartige Unterkünfte finden sich überwiegend im noch ländlichen Inselinneren und an Küstenabschnitten, an denen die riesigen Hotels noch nicht Einzug gehalten haben.

In den großen **Hotels** und **Klubanlagen,** wie beispielsweise an der Costa Smeralda im Norden oder in Villasimius im Süden, geht es dagegen zwar auch extrem höflich, aber eher zurückhaltend zu. Wer also das Persönliche schätzt, ohne auf Service verzichten zu wollen, sollte sich ein Zimmer in einem kleineren Hotel suchen. Und im Frühling reisen. Dann, wenn die Saison beginnt.

Hotels und Pensionen werden wie überall in Italien nach Sternen (1 bis 5) eingestuft. Die 5-Sterne-Hotels entsprechen der Luxusklasse. Die meisten und besten Häuser stehen an der Küste. Generell sind die Unterkünfte im Norden der Insel teurer als im Süden. Die Preise müssen in jedem Zimmer aushängen.

MERIAN-Tipp

1 Hotel Su Gologone

Ein Hotel, bei dem man ins Schwärmen geraten könnte, eine Oase der Stille zwischen Steineichen und Macchia, im Inselinneren gelegen. Das ganze Haus ist mit original sardischem Kunsthandwerk und mit herrlichen Antiquitäten ausgestattet. Hervorragendes Restaurant. Zum Meer sind es ca. 20 Kilometer. Rechtzeitige Buchung ist notwendig, da das Hotel immer belegt ist.

Su Gologone, 08025 Oliena (NU);
Tel. 0784287512, Fax 0784287668;
65 Zimmer ●●● MASTER VISA

→ S. 119, E 6

Das Frühstück in den größeren Hotels ist häufig dem europäischen Standard angeglichen. In den kleinen Pensionen werden Frühstücksliebhaber allerdings eher enttäuscht sein. Meistens ist es deshalb preiswerter – und schöner –, etwas an einer Bar an der nächsten Ecke zu essen.

In **Pensionen** wird überwiegend Halb- oder Vollpension gebucht. Pro Nacht kosten sie ab ca. 30 €.

Ferienwohnungen liegen meistens am Meer und sind sehr unterschiedlich ausgestattet. Preiswertere kosten pro Woche ca. 180 €. Infos bei:

Joachim Wassmann
Sothenbergstr. 7, 31162 Bad Salzdetfurth; Tel. 0 50 63/57 90, Fax 57 91 oder Tel. 0 89/30 00 20 43, Fax 30 00 20 44

Achtung: Auch wenn Italien das Plastikgeld liebt, ändern Hotels und andere Unterkünfte sowie einige Restaurants der Mittelklasse manchmal ihren Kreditkartenservice. Fragen Sie vor dem Einchecken oder dem Essen, welche Karten akzeptiert werden!

Empfehlenswerte Hotels und andere Unterkünfte finden Sie jeweils bei den Orten im Kapitel »Unterwegs auf Sardinien«.

Essen und Trinken

Fisch, Schafkäse, Brot und dazu die besten Weine – die sardische Küche verführt jeden zum Schlemmen.

Gesellige südländische »dolce vita« auf der Piazza Yenne in der Inselhauptstadt.

Eines steht fest: Die sardische Küche macht süchtig. Die Sarden sind zwar keine Gourmets, die ursprüngliche Hirtenküche ist durch italienische Einflüsse verfälscht, aber die Zusammensetzung der Speisen ist auch für mitteleuropäische Gaumen eine reine Freude.

Einen normalen Arbeitstag beginnen die Sarden anders, als es bei uns üblich ist. Oder können Sie sich vorstellen, jeden Morgen in einer Bar um die Ecke einen Espresso zu trinken? Was diese Sitte angeht, sind die

Espresso an der Bar

Sarden dann wieder ganz italienisch, auch wenn sie es nicht immer sein wollen. Stellen Sie sich morgens also einfach einmal in eine solche Bar und beobachten Sie die Menschen, wie sie ihren Tag beginnen. Meist stehen sie an der Bar und rühren scheinbare Unmengen von Zucker in ihre kleine Espressotasse, um deren Inhalt dann in ein oder zwei Schlucken zu leeren. Manchmal gelingt es, dass man mit dem einen oder anderen ins Gespräch kommt. Die meisten haben es allerdings ziemlich eilig. Trotzdem herrscht eine schöne Atmosphäre in diesen kleinen Bars, man ist in diesen Momenten kein Tourist mehr, sondern gehört dazu. Wer in einer solchen Bar auch gleich frühstücken möchte, findet meist sehr leckere Croissants und andere kleine Gebäckstücke.

Die Speisenfolge beim Mittag- oder Abendessen ist heute auf Sardi-

Fünf-Gänge-Menü

nien dieselbe wie in Italien: Man beginnt mit einem »antipasto« (kalte Vorspeise), es folgt ein »primo« (erster Gang, meistens Teigwaren), dann kommt der »secondo« (zweiter Gang, Fleisch oder Fisch) mit den »contorni« (Gemüse, Salat), den Beilagen, die Sie extra bestellen müssen. Zum Schluss können Sie wählen zwischen den »dolce«, den Süßigkeiten, oder dem »formaggio«, dem Käse. Das ist die klassische Reihenfolge, die nur mit gutem Appetit und viel Zeit zu schaffen ist.

Eine sardische Delikatesse ist der bernsteinfarbene »bottarga«, der getrocknete Rogen der Meeräsche. Er wird beim primo über die Spaghetti gestreut. Ein typischer primo sind auch »sa cassola«, eine Fischsuppe, oder die »malloreddus«, Grießklöße mit Safran. Als Hauptgericht serviert man im Landesinneren gern Wildschwein, Spanferkel oder Lamm. An der Küste wird viel Fisch gegessen. Hervorragend sind gemischte Meeresfrüchteplatten mit Mies- und Venusmuscheln, Scampi sowie Meeresschnecken.

Als Nachspeise sollten Sie unbedingt den sardischen Schafkäse, den »pecorino sardo«, probieren. Er schmeckt besonders gut, wenn er bereits zwei bis drei Jahre alt ist. Sie sollten ihn mit frischem schwarzen Pfeffer bestreuen und ein bisschen Brot dazu essen. Eine typische Süßspeise sind die »sebadas«. Es sind Teigtaschen, die mit frischem Käse gefüllt, mit Honig gewürzt und in Öl ausgebacken werden. Ein unbedingtes Muss: der sardische »mirto del contadino«, ein Likör aus Myrtenbeeren.

Brot steht auf jedem sardischen Tisch. Typisch ist das sardische »pane carasau«, ein papierdünnes Brot, das man wunderbar nebenher essen kann. Neben dem pane carasau hat Sardinien noch eine weitere Brotspezialität: das »Gebildebrot«. Es wird aus einem Teig, bestehend aus bestem sardischen Mehl, Wasser, Salz und ein wenig Backpulver, hergestellt. Das Besondere: Mithilfe von diversen Feinwerkzeugen wie Schere und Skalpellen zaubern die Sarden aus dem Klumpen Teig unglaubliche Kunstwerke. Die Brote mit den Figürchen wie beipielsweise Tauben oder Rosen darauf sind eigentlich Opferbrote und werden zu bestimmten Anlässen wie Geburten, Hochzeiten, zur Erntezeit oder zu Ostern hergestellt.

Wie auf dem Festland, sind auch auf Sardinien drei unterschiedliche Arten von Restaurants üblich: In einem »ristorante« werden Sie gedeckte Tische vorfinden. Dort ist es am teuersten, aber meistens ist die Qualität dafür auch sehr gut. Dann gibt es noch die etwas einfachere »trattoria«, in der es häufig keine Speisekarte, sondern nur eine kleine Auswahl Tagesgerichte gibt. Und zuletzt natürlich noch die preiswerte »pizzeria«, in der man – abgesehen von Pizza in allen erdenklichen Variationen – meist nur eine kleine Auswahl hat. Wegen der niedrigen Preise trifft man dort häufig die jüngere Generation.

»La mamma« kocht

Die Hauptmahlzeit auf Sardinien ist das Abendessen, »la cena«. Es findet zwischen 19.30 und 23 Uhr statt. Mittags gehen die Sarden normalerweise nicht außer Haus essen, da die »mamma« traditionell für die ganze Familie den »pranzo«, das Mittagessen, kocht.

Wenn Sie essen gehen, zahlen Sie nicht nur die Speisen und Getränke, sondern immer auch noch den »coperto«, das Gedeck. Pro Person beläuft es sich – je nach Restaurant – auf zwischen 1 und 5 €. Die jeweilige Höhe ist aus der Speisekarte zu ersehen.

Sardinien bietet so viele **Weine**, dass Sie kaum auf die italienischen zurückgreifen müssen. Der Weinbau auf Sardinien ist so alt wie die dortige Kultur (→ MERIAN-Spezial, S. 18). Zu den besten Tropfen gehören die Sorten aus der Gallura und die von den Weinbergen rund um Cagliari. Pro Jahr werden rund 2,8 Hektoliter Wein produziert. Die absoluten Spitzenreiter unter den insgesamt ca. 16 **DOC**-Weinen (DOC = Denominazione Origine Controllata, Italiens Anbau-Gütesiegel) sind der rote »Cannonau« und die weißen »Vernaccia« und »Vermentino«. Leicht, bekömmlich und hervorragend zu Fischgerichten geeignet sind auch der weiße »Nuragus di Cagliari«, »Vermentino di Gallura« und der »Vernaccia di Gallura«. Zu den kontrollierten DOC-Weinen gehören auch der Dessert-Wein »Moscato di Cagliari« und ein Sekt aus Muskatreben.

Da nur ein kleiner Teil der produzierten Weine abgefüllt wird, werden im Restaurant häufig offene Bauernweine angeboten, die zu probieren sich lohnt. Fragen Sie nach einem »vino da tavola«, dann bekommen Sie den offenen lokalen Wein serviert.

Achtung: Restaurants und Pizzerien, in denen Kreditkarten akzeptiert werden, sind rar. Fragen Sie vorher, ob Sie mit Karte zahlen können, wenn Sie kein Bargeld dabei haben sollten.

Empfehlenswerte Restaurants und andere Lokale finden Sie jeweils bei den Orten im Kapitel »Unterwegs auf Sardinien«.

MERIAN-Tipp

2 Corte Noa

In diesem Restaurant etwas außerhalb von Cagliari wird nicht einfach nur gegessen – hier wird gespeist! Und das vom Feinsten und zu durchaus moderaten Preisen. In wunderschönen Innenhöfen genießt man einen hervorragenden und unaufdringlichen Service. Wenn Sie sich diesen Ausflug gönnen, sollten Sie unbedingt die klassische sardische Küche probieren. Dazu gehört zum Beispiel das Wildschwein oder auch die »pasta bottarga«, jenes Spaghettigericht mit dem »Kaviar« der Meeräsche. Ebenso gut wie die Küche sind die Weine.

Santa Margherita di Pula, direkt an der Staatsstraße 195; Tel. 07 09 24 55 55
●● DINERS MASTER VISA → S. 120, C 12

Wein aus Sardinien

Leicht oder kräftig, sehr köstlich und dennoch fast unbekannt: der sardische Wein.

Auf insgesamt fast 43 000 ha Rebflächen wachsen auf Sardinien Jahr für Jahr die köstlichsten Weine heran: leichte weiße oder vollmundige rote, trockene oder sogar Sherry-ähnliche. Und das seit Jahrhunderten. Bereits zwischen dem 15. und dem 18. Jh. führte man auf Sardinien den Weinbau auf Feldern ein. Und so vielschichtig die Felder der Insel Sardinien eben sind, so unterschiedlich sind auch die Weine.

Dennoch wurden die sonnenverwöhnten Trauben viele Jahre nur dazu verwendet, andere italienische Weine in Farbe und Geschmack aufzubessern, ihnen ihre Blässe zu nehmen. Glücklicherweise wendet sich das Blatt langsam.

Viele der sardischen Weinbauern haben sich in einer Genossenschaft organisiert, der »cantina sociale«. Dieser Zusammenschluss sollte vor allem die Vertriebswege erleichtern. Bedauerlicherweise klappt das nicht immer. Lediglich große Produzenten, wie beispielsweise Sella & Mosca, haben es bisher geschafft, die Weine auch ins Ausland zu exportieren. Die Wurzeln des Anbaus der Weinkellerei Sella & Mosca reichen bereits ans Ende des 19. Jh. zurück: Zwei Geschäftsleute gründeten damals das Weingut, dessen Schwerpunkt heute in der Erzeugung von Spirituosen, kräftigen Rot- aber auch leichteren Roséweinen liegt.

Zu den besten Weißweinen zählt vor allem der Vermentino di Gallura (14 % vol.). Er gilt als der König unter den sardischen Weißweinen und ist der einzige DOCG Wein (Denominazione di Origine Controllata Grantita – die höchste Auszeichnung, die ein

Der sardische Weinbau – im Bild der Supramonte di Dorgali bei Oliena – braucht die Konkurrenz vom italienischen Festland nicht mehr zu scheuen.

Wein erhalten kann). Er wächst in der blumenreichen Gallura und wird gern zu Fisch und Krustentieren serviert.

Der beste Rotwein wird aus der Cannonau-Reben gekeltert. Diese Rebe zählt übrigens zu einer der ältesten des Mittelmeerraumes! Einige Wissenschaftler behaupten sogar, dass schon die Ureinwohner Sadiniens diese Weinsorte anbauten. Neuerliche Funde – Urnen nuraghischen Ursprungs – sollen Traubenkerne enthalten haben. In Kürze wird eine DNA-Analyse der Trauben des Rätsels Lösung bringen und zeigen, ob es sich bei den Kernen tatsächlich um Kerne der Cannonau-Traube handelt.

Die klassischen Anbaugebiete des heutigen Cannonaus sind rund um Dorgali und in der Provinz Nùoro zu finden. Je nachdem, wie lange er in den Kastanien- und Eichenholzfässern lagert, kann der Cannonau zwischen 13 und 15 % vol. erreichen. Serviert wird er vor allem zu Braten und Käse. Besonders zu empfehlen ist er zu einem Pecorino sardo, dem hervorragenden Schafskäse der Insel, der besonders lecker ist, wenn er rund zwei Jahre alt ist.

Am schönsten ist es natürlich, wenn man den sardischen Wein an Ort und Stelle trinkt. Und wer sich mit der Geschichte des Weines auseinandersetzen möchte, der sollte sich auf jeden Fall das Weinmuseum, das Museo del Vino, im kleinen Weindorf Berchidda (ca. 25 km westlich von Olbia) anschauen. Hier kann man sich informieren und zudem ca. 150 Weine Sardiniens probieren und kaufen.

Museo del Vino → S. 117, D 3
Berchidda; Tel. 0 79 70 45 87; www.museodelvino.it; Di–Fr 10–14 und 16–19, Sa und So 16–20 Uhr

Winzer:
Cantina Santadi → S. 120, C 11
Die kleine Kellerei ist noch nicht sehr bekannt, aber sehr gut.
Via Sa Pranu 12, Santadi (ca. 40 km östlich von Cagliari); Tel. 07 81 95 01 27; www.cantinasantadi.it; Termine nach Vereinbarung

Cantina Sociale Oliena → S. 119, E 6
Via Nùoro 112, Oliena; Tel. 07 84 28 75 09

Cantina Sociale Gallura → S. 117, D 3
Tempio Pausania, Via Val di Cossu 9; Tel. 0 79 63 12 41

Weinkellerei:
Sella & Mosca → S. 47, nördl. c 1
Loc. I Pianti, 07041 Alghero; Tel. 0 79 99 77 00; www.sellamosca.com

Einkaufen

»Olio extra vergine« oder edle Weine? Feinste sardische Qualität macht die Entscheidung schwer.

Korbflechtarbeiten, hergestellt aus den verschiedensten Materialien, haben Tradition, sind nützlich und hübsch anzusehen.

Gäbe es die vielen Besucher nicht, hätte das sardische Kunsthandwerk sicherlich nicht so einen Boom erlebt. Wer nach Sardinien kommt, dem wird die Entscheidung, welches der vielen Souvenirs am schönsten ist, schwer fallen. Die Qual der Wahl ist bekanntlich eine besonders schwere.

Auf der ganzen Insel werden geschmackvolle handwerkliche Arbeiten angeboten. Besonders auffallend sind die vielen verschiedenen **Teppiche**. Sie unterscheiden sich je nach Herstellungsgebiet in Muster und Farben: Ganz glatt gewebt und eher deckenartig sind die Teppiche aus dem Gennargentu-Gebirge. Farbenfrohe Teppiche mit sehr auffallenden Tier- und Blumenmotiven findet man zum Beispiel auf der kleinen Insel Sant'Antioco, in Atzara und Isili.

Die besten **Korbwaren** gibt es um Castelsardo, in Bosa, Flussio und Oristano. Die meisten Handwerker haben sich auf bestimmte Materialien spezialisiert. Typisch sind vor allem die gemusterten Körbe aus Affodil. Wird dieses auf Sardinien sehr verbreitete Liliengewächs verflochten, ergibt es ein geometrisches Muster aus Beige- und Brauntönen. Andere Materialien sind zum Beispiel Binsen, Schilfrohr, Weidenruten und Zwergpalmenblätter.

In Assemini, Dorgali, Oristano, Siniscola und Villaputzu finden Sie schöne, robuste **Keramiken**. Holzgeschnitzte Karnevalsmasken, die bis heute noch in Nùoro in der Karnevalszeit getragen werden, gibt es in der Provinz Nùoro und in Oristano. Berühmt sind auch die ehemaligen Hirtenmesser, Taschenmesser mit Widderhorngriffen. Schmuckfans sollten nach Alghero fahren. Hier gibt es das größte Angebot an Korallenschmuck. Filigraner **Goldschmuck** wird in Bosa, Cagliari und Dorgali hergestellt. Die Sarden tragen ihn zu ihren Trachten. Aus Bosa, Oliena und Villanovaforru stammen feine Stickereien und seidenbestickte Wollschals. Kork wird auf Sardinien zum Beispiel zu Untersetzern, mit Ton zusammen zu Schalen und Bildern verarbeitet. Der Kork stammt aus den Korkeichenwäldern der Insel.

MERIAN-Tipp

3 Sardisches Kunsthandwerk von I.S.O.L.A.

Die echten handwerklichen Erzeugnisse kaufen Sie entweder direkt bei den Herstellern oder in einem der **I.S.O.L.A. (Istituto Sardo per l'Organizzazione del Lavoro Artigiano)**-Geschäfte (Sardisches Institut für die Organisation des Handwerks). Diese Läden wurden eingerichtet, um das sardische Kunsthandwerk zu fördern. Die Zentrale befindet sich in Cagliari. Hier haben Sie die größte Auswahl, und ferner bekommen Sie aktuelle Adressen von Kunsthandwerkern, deren Werkstätten Sie besichtigen können.

Via Bacaredda 176, Cagliari;
Tel. 0 70 40 07 07

→ Umschlagkarte hinten, d 1

Das frischeste Obst, das leckerste Gemüse zu den absolut günstigsten Preisen kaufen Sie an den Ständen, die an fast allen Straßen zu finden sind. Je nach Jahreszeit wunderbar geschmackvolle Aprikosen, herrliche Feigen, saftige Apfelsinen und knackige Salate. Wenn Ihnen das Angebot nicht zusagt, nehmen Sie den nächsten Stand. Manchmal lassen die Verkäufer mit sich handeln. Dass in den gehobenen Restaurants (Ristorante und Trattoria) beipielsweise die Salate extrem köstlich sind, liegt natürlich an dem frischen Gemüse, allen voran den Tomaten. Es liegt aber auch an dem hervorragenden sardischen **Olivenöl**! Die Oliven der Ölbäume (Olea europea) sind auf der ganzen Insel zu sehen und aus der Küche Sardiniens gar nicht weg zu denken. Die knorrigen Ölbäume – sie werden übrigens bis zu 1000 Jahre alt – wachsen auf sonnigen Lichtungen und zeichnen sich durch ihre relativ harten, kleinen und an ihrer Unterseite silbrig glänzenden Blätter aus. Besonders schön sind die Blüten der Bäume: Sie sind weiß und wachsen in traubigen Ständen. Aus diesen Blüten entstehen dann die zunächst grünen Oliven. Erst später, mit zunehmender Reife, werden sie schwarz.

Seit Jahrhunderten werden die Oliven Jahr für Jahr geerntet, um daraus das köstliche und gesunde Öl herzustellen. Die für diese Ölproduktion kultivierten Oliven haben einen Ölgehalt von bis zu 50 %! Sie werden zur Erntezeit vom Baum geschüttelt und mithilfe von Netzen aufgefangen. Anschließend werden sie zerquetscht und kalt gepresst. Während dieses Vorganges entsteht das beste sardische Olivenöl: das »olio extra vergine«. Jenes Öl, das niemals warm gemacht werden sollte.

Wird ein zweites Mal gepresst, entsteht das »olio olive«. Dieses Öl ist zwar noch immer sehr köstlich, eignet sich aber besser zum Kochen oder Braten. Erfolgt unter großer Hitz eine weitere Pressung, entsteht ein Olivenöl, das durchweg ungenießbar ist. Es dient lediglich als Schmieröl.

Andere Oliven, die im Geschäft als Früchte zu kaufen sind, haben übrigens einen deutlich geringeren Ölgehalt. Auch die Ernte ist eine andere. Die Früchte werden von Hand gepflückt – nicht geschüttelt – und sofort nach Qualität sortiert. Anschließend werden sie entbittert und kommen dann als Speiseoliven in den Handel.

Die guten Öle sind vielerorts zu haben, sowohl in gut sortierten Supermärkten auf der Insel als auch in kleineren Geschäften. Einige der wichtigen Ölproduzenten sind:

Alghero → S. 47, nordwestl. c 1
San Giuliano Dom. Manca, Via Carrabuffas 56; Tel. 079 97 72 15

Serdiana → S. 121, D 10
Agricolas & C., Via Roma 56/58, Serdiana (bei Cagliari); Tel. 070 74 06 06

Siniscola → S. 117, F 4
Frantoio Chieddà, Loc. Tanca Altara; Tel. 07 84 87 77 17; www.ottidoro.com

Orosei → S. 119, F 6
Nuovo Oleificio S. Chisu, Via Nazionale 102; Tel. 07 84 99 94 11

Als kulinarisches Mitbringsel für Freunde guter Küche eignen sich auch der wunderbare Pecorino, der Schafkäse, der sardische Wein und natürlich der »mirto«, Myrtenlikör. Weine können Sie sowohl in einer Weinhandlung, der »enoteca«, oder einer Genossenschaftskellerei, der »cantina sociale«, kaufen. Dort werden Sie gut beraten. Die gängigsten Weine gibt es allerdings auch im Supermarkt. Käse sollten Sie dort nicht kaufen. Er ist bereits verpackt, und es ist nur sehr schwer festzustellen, wie

Kulinarische Mitbringsel

Süße sardische Seufzer

alt er ist. Am besten kaufen Sie ihn beim Fachhändler.

Sehr gut ist auch der sardische Honig – die Macchia ist eine ideale Bienenweide. Zu den besten Sorten gehört der »miele amaro«, eine Mischung aus Myrte, Eukalyptus und Erdbeerbaum. Es ist ein bitterer Honig, der allerdings seinen Preis hat.

Sardischer Honig, Mandeln und Nüsse sind die Grundstoffe für viele der süßen sardischen Köstlichkeiten. Bekannt sind vor allem die »sospiri«, Seufzer, ein baiserartiges Mandelgebäck.

In Deutschland kann man sardische Spezialitäten bestellen bei: Il nuraghe, Nürnberg, Tel. 09 11/50 10 91, Fax 50 45 60. Dort bekommt man zum Beispiel »Pane carasau«, Olivenöle und Weine. Weine aus Sardinien gibt es auch bei Alberto Gaviano, Hamburg, Tel. 01 71/1 93 63 94, Fax 0 41 27/92 97 31.

Die Öffnungszeiten der Geschäfte variieren je nach Gegend. Auf eines können Sie sich allerdings immer verlassen: Mittags läuft gar nichts. Selbst die Supermärkte machen zu. Spätestens um 13 Uhr sind überall die Rollläden heruntergelassen und werden frühestens um 16 Uhr wieder heraufgezogen. Morgens öffnen die Geschäfte zwischen 8.30 und 9 Uhr. Abends schließen sie gegen 21 Uhr.

Montags sind viele Läden entweder ganz oder zumindest nachmittags geschlossen. In den Touristenzentren haben sich die Gewohnheiten etwas gelockert. Hier sind viele Geschäfte – speziell natürlich Souvenirshops und Modeboutiquen – länger geöffnet und lassen auch montags und nicht selten sogar am Sonntag die Kunden herein. Einige Zeitungskioske sind auch sonntags geöffnet.

Empfehlenswerte Geschäfte und Märkte finden Sie jeweils bei den Orten im Kapitel »Unterwegs auf Sardinien«.

Deftig und kräftig: die sardischen Käsespezialitäten.

Feste und Events

Von Karneval bis Weihnachten: Auf Sardinien gibt es das ganze Jahr Gründe zum Feiern.

Bunte Tracht tragen die Bewohner von Sassari zur jährlichen Prozession der »Cavalcata Sarda«. Zum ersten Mal im Jahre 1899 zum Besuch von Umberto I und Margherita von Savoien ausgetragen, ist diese Reiterzeremonie eine außergewöhnlich festlich gestimmte Versammlung.

Irgendwo auf Sardinien wird eigentlich immer gefeiert. Über 1000 Feste soll es laut der »Guida alle feste tradizionali della Sardegna«, dem offiziellen Festkalender, auf der Insel geben. Die zahlreichen Feste reichen von religiösen Zeremonien bis hin zu weltlichen Veranstaltungen.

Während der religiösen Feste ehrt man die Schutzheiligen der jeweiligen Gemeinden oder deren Märtyrer.

Eines der schönsten Feste ist die aufwendige Vier-Tage-Prozession des hl. Efisius im Mai. Auf Sardiniens größtem Fest sieht man – ein selten gewordener Anblick – Trachten aus allen Teilen der Insel. Durch den frühen Termin im Jahr sind die Sarden hier noch weitgehend unter sich.

Viele Feste sind mit Musikveranstaltungen verbunden, bei denen Sie noch die echte sardische Musik erleben können, die orientalische Wurzeln vermuten lässt – ein Gedanke, der freilich ganz und gar falsch ist.

Infos bei ESIT unter www.esit.net

Januar

Sant'Antonio

In etwa 80 Gemeinden wird zu Ehren des hl. Antonius gefeiert.

Ab Mitte Januar

San Sebastiano

In 30 Gemeinden finden Feierlichkeiten zu Ehren des hl. Sebastian statt.

19./20. Januar

Februar/März

Karneval

Den beeindruckendsten Karneval feiert man auf Sardinien in Oristano. Dort wird die »Sartiglia« ausgetragen, ein Reiterfest, das aus Spanien kommt und seine Wurzeln im 16. Jh. hat. Es wird in historischen Kostümen gefeiert. Im Mittelpunkt steht ein Fechtmeister, der mit seinem Gefolge im Galopp mit Hilfe eines Schwertes einen sternförmigen Ring durchstechen muss.

Karnevalssonntag und -dienstag

März/April

Ostern

Die Ostermontagsprozession »Lunissanti« in Castelsardo ist die faszinierendste auf Sardinien.

Weitere Prozessionen in Alghero, Cagliari, Iglesias, Oristano, Sassari.

Mai

Sagra di Sant'Efisio

Das aufwendigste Fest der Insel. Die Prozession zieht von Cagliari über Pula nach Nora und zurück.

1.–4. Mai

Sagra di San Francesco

Prozession in Lula mit Gottesdiensten, Dichterlesungen und Reiterspielen.

1.–10. Mai

Cavalcata Sarda

Prozession in Sassari.

Vorletzter So im Mai

Juli

Ardia

Das wildeste Reiterfest Sardiniens, die »Ardia«, findet in Sedilo statt.

6./7. Juli

August

Kerzenfest in Sassari

Kerzenprozession am Strand.

14. August

Fest zu Ehren des Erlösers in Nùoro

Prozession auf dem Gipfel des Monte Ortobene. Abends Trachtenschau.

Am letzten So des Monats

Oktober

Sagra delle Castagne

Das Fest der Kastanien- und Haselnussernte in Aritzo.

Am letzten So des Monats

Dezember

Lu Senal del Judici

Wunderbare katalanische religiöse Gesänge in Alghero.

24. Dezember

Sport und Strände

Wassersport, Wandern, Mountainbiken, Golf, Tennis oder Reiten – Sie haben die Wahl.

Entspannende Ruhe oder waghalsige Action, wie hier am Capo Testa? Die Insel hat für jeden das passende Angebot.

Obwohl Sardinien – wenigstens für die nicht-italienischen Urlauber – keine typische Ferieninsel darstellt, ist es während der Hochsaison schwierig geworden, wirklich einsame Strände zu finden. Geheimtipps wie zum Beispiel die Cala Cipolla bei Chia an der Südküste, kleine Badebuchten südlich von Arbatax an der Ostküste oder die kilometerlangen Sanddünen an der Westküste haben inzwischen auch die römischen Touristen entdeckt. Faszinierend sind dafür die vielen verschiedenen Strandarten: feinsandige, sanft ins Meer gleitende; Muschelstrände, die ins Meer zu fallen scheinen, und Steinstrände, um die das Wasser schwappt.

Ein großer Prozentsatz der Sardinien-Urlauber reist an, um Sport zu treiben. Natürlich werden sämtliche Wassersportarten auf der Insel angeboten. Dazu kommt das Bergwandern, auch wenn die sardischen Tourismusämter die Wanderer als Zielgruppe noch gar nicht so richtig entdeckt haben. Die sardischen Bergstraßen eignen sich vor allem für gut durchtrainierte Mountainbiker und Rennradfahrer. Wer hier zwei Wochen lang mit dem Fahrrad unterwegs ist, ist danach in konditioneller Hochform. Sowohl körperlich als auch mental, denn Vorsicht ist geboten. Fahrrad fahren ist aufgrund des dichten Autoverkehrs nicht ungefährlich. Aber die Insel bietet noch sehr viel mehr: zum Beispiel Golf, Tennis und Reiten.

Angeln

Ohne Genehmigung und mit normaler Ausrüstung können Sie rund um Sardinien im Meer angeln. Einzige Einschränkung: Pro Tag dürfen Sie nicht mehr als 5 kg Fisch aus dem Wasser ziehen. Korallen und Weichtiere dürfen nur Berufsfischer sammeln. Ansonsten sind Korallen streng geschützt! Für sardische Binnengewässer benötigen Sie eine Erlaubnis, eine »licenza di pesca«. Erhältlich beim Sportfischerverband.

Federazione Italiana Pesca Sportiva (FIPS) → S. 121, D 11
Sezione di Cagliari, Viale Elmas, 09125 Cagliari; Tel. 0 70 24 05 18

Freeclimbing

Veranstalter bieten Klettertouren zum Beispiel im ehemaligen Bergbaugebiet von Masua oder auch in den Buchten von Baunei und Dorgali an.

Circolo Avventura → S. 120, B 11
Via Roux 149, Carbonia

Keya → S. 121, D 11
Via Tirana/Selargius, Cagliari; Tel. 0 70 84 84 80; E-Mail: keyast@tin.it

Golf

Es gibt zwei wunderschön gelegene 18-Loch-Golfplätze. Der eine ist an der Costa Smeralda: der **Pevero Golf Club** in Porto Cervo. Der andere liegt im Süden der Insel. Es ist der **Is Molas Golf Club** bei Santa Margherita di Pula. Bei beiden Plätzen handelt es sich um Standard-72-Plätze.

Pevero Golf Club → S. 117, E 2
Porto Cervo ; Tel. 0 78 99 62 10

Circolo Golf Is Molas → S. 121, D 12
0910 Pula-Is-Molas; Tel. 07 09 20 90 62

MERIAN-Tipp

4 Cala Cipolla

Wenn Sie mit Ihrer Familie unterwegs sind, vielleicht sogar mit kleinen Kindern schwimmen oder in Ruhe schnorcheln möchten: In den kleinen Buchten kurz hinter Chia finden Sie die besten Bedingungen. Für Ihren Wagen gibt es zahlreiche Abstellmöglichkeiten. Nach einem kleinen Fußmarsch eröffnet sich der Blick auf Sandstrände, die durch zahlreiche Felsbrocken und -vorsprünge voneinander getrennt sind. Das Wasser ist sehr ruhig und deshalb auch relativ warm. Und: Es wird erst sehr weit draußen richtig tief. → S. 120, C 12

Rad fahren

Die Berge Sardiniens stellen hohe Anforderungen an die Kondition der Radfahrer. Gebiete ohne extreme Steigungen, aber auch weniger reizvoll, sind zum Beispiel die Sinis-Halbinsel, die Camidano-Ebene, der Küstenbereich der Ogliastra sowie die Region um Alghero. Mountainbikes eignen sich für Sardinien besser als Rennmaschinen. Im Straßenverkehr ist Vorsicht geboten!

Reiten

Immer mehr Feriengäste entdecken die Insel auf dem Rücken von Pferden. Sie können Ausritte an den Strand oder ins Inselinnere buchen. Einige Anbieter führen sogar mehrtägige Ausritte durch.

A.N.T.E. Sardegna → S. 121, D 11
(Reiterverband)
Via Pasteur 4, 09125 Cagliari;
Tel. 0 70 30 58 16

Parco Bella Vista → S. 119, F 7
08041 Arbatax; Tel. 07 82 66 71 76

Su Gologone → S. 119, E 6
08025 Oliena; Tel. 07 84 28 75 12 und 28 75 52; (→ MERIAN-Tipp, S. 13)

Segel- und Bootssport

Rund um Sardinien befindet sich eines der schönsten Segelreviere im Mittelmeer. Die meisten Einrichtungen sind an der Nordküste. Wenn Sie kein eigenes Boot haben, können Sie auch eines chartern.

New Sarda Sailing Charter → S. 117, E 3
Via Genova 55, 07026 Olbia;
Tel. 0 78 92 55 23

Surfen

Die Nord- und Westküste ist mit ihren manchmal schwierigen Windverhältnissen das Lieblingsrevier von Surf-Profis. Anfänger surfen lieber an der Süd- und Ostküste. Hier ist es sehr viel ruhiger und weniger anstrengend. In allen größeren Hotels rund um die Insel kann man Surfbretter ausleihen.

Wandern

Das schönste Wandergebiet auf Sardinien ist das Gennargentu-Gebirge. Aber Vorsicht: Selbst Einheimische haben Schwierigkeiten, sich zu orientieren. Auf jeden Fall sollten Sie nie ohne Kompass und Kartenmaterial wandern, da es keine markierten Wege gibt. Am besten nehmen Sie an geführten Wanderungen teil.

Cooperative Turistica Sardegna di Scoprire → S. 119, D 6
Via Dante 9, 08100 Nùoro;
Tel. 07 84 33 04 00

Club Alpino Italiano → S. 121, D 11
Via Piccioni 13, 09125 Cagliari;
Tel. 0 70 66 78 77

Strände

Baia Sardinia → S. 117, E 2
Ein flacher Sandstrand. Gut geeignet für Kinder. Im Sommer ziemlich voll.

Capo Boi → S. 121, DE 11
Herrlicher Sandstrand zwischen Villasimius und Cagliari. An den Wochenenden gut besucht, da die Großstädter gerne dorthin fahren.

Chia ⇢ S. 120, C 12
Langer, feiner Sandstrand. An den Wochenenden in der Hochsaison extrem voll.

Costa Paradiso ⇢ S. 116, C 2
Abwechselnd kleine Strände und Felsenküste. Zum Teil noch wenig erschlossen, an einigen Ecken dafür leider stark bebaut.

Costa Rei ⇢ S. 121, F 11
Etwa 8 km langer Sandstrand. Immer wieder ragen kleine Felsvorsprünge in den Strand hinein. Ideal für Spaziergänge.

Costa Verde ⇢ S. 120, A 10
Kilometerlange Sanddünen zwischen Arbus und Piscinas.

Liscia di Vacca ⇢ S. 117, D 3
Kleine Badebuchten im Norden der Costa Smeralda.

Pelosa ⇢ S. 116, A 3
Auf der Halbinsel Stintino gelegen. Für einige ist es der schönste sardische Strand.

Poetto ⇢ S. 121, D 11
Stadtstrand Cagliaris. Im vorderen Bereich der Szene-Strand für Jugendliche, stadtauswärts wird's dann immer leerer.

Porto Conte ⇢ S. 116, A 4
Schönes Badegelände mit seichtem Wasser.

Spiaggi di Orri ⇢ S. 119, F 7
Der kilometerlange Strand nahe Tortoli eignet sich besonders gut für Familien, da er sacht ins Wasser übergeht.

Torre di Bari ⇢ S. 119, F 8
Südlich von Arbatax. Teils sehr feinsandige Abschnitte, kaum Touristen.

Weiße Strände, seichtes Meer – ein Paradies für Sonnenanbeter: »Faulenzern« bietet Sardiniens Nordküste Erholung pur. Wer's lieber aktiv mag, findet hier abwechslungsreiche Alternativen, und das nicht nur in Sachen Wassersport.

Familientipps – Hits für Kids

Seichte Strände, stille Buchten und ein glasklares, warmes Meer – ein Ferienparadies für Kinder.

Auch kleine Badenixen haben in den warmen Mittelmeerfluten ihren Spaß.

Es ist noch immer so: Angesichts kleiner – womöglich blonder – Bambini geraten die Sarden regelrecht in Verzückung. Kinder werden, wie in allen südeuropäischen Ländern, wie kleine Könige behandelt.

Sardinien ist für einen Familienurlaub sehr geeignet: Da gibt es wunderbare Strände, seicht ins Meer abfallend. Strände ohne Strömungen und Surfer. Strände, auf denen man herrlich Muscheln sammeln kann. Sand, mit dem Kinder große Burgen bauen können. Für ältere Kinder und Jugendliche gibt's Szene-Strände, an denen sich junge Leute in der Sonne aalen, Beach-Volleyball spielen und Musik hören.

Wer etwas Abwechslung ins Strandleben bringen möchte, kann mit seinen Kindern schöne **Wanderungen** oder Spaziergänge unternehmen. Zum Beispiel eine aufregende Wanderung in der »Giara di Gesturi« im Inselinneren. Es handelt sich dabei um eine etwa 40 qkm große Hochebene, auf der heute noch rund 1000 Wildpferde leben, die man mit etwas Glück über die Ebene preschen sehen oder an der Tränke beobachten kann. Außerdem leben in der Giara di Gesturi verwilderte Schafe und Schweine. Die Hochebene ist also fast ein großer Wildpark.

Boots- und Bummelbahnfahrten

Ein schönes Erlebnis für Kinder ist auch eine **Bootsfahrt**, verbunden mit ein bisschen Abenteuer und Badevergnügen. Von Arbatax oder Cala Gonone in der windgeschützten Bucht des Golfes von Orosei an der Ostküste Sardiniens aus starten in der Hauptsaison täglich jede Stunde Touristenboote zu wunderschönen Stränden, die vom Land aus nicht erreichbar sind. Diese Touren in die herrlich warmen und windgeschützten Badebuchten, wie zum Beispiel die Cala Luna oder die Cala Sisine, sollten Sie mit einem Besuch in der **Grotta del Bue Marino** verbinden. Es ist eine der berühmtesten Karsthöhlen Sardiniens (→ S. 74).

Wenn Sie Ihren Kindern Nostalgisches bieten wollen, sollten Sie eine Fahrt mit der sardischen **Schmalspurbahn**, dem »Trenino verde«, unternehmen. Sie tuckert mit maximal 40 km/h in acht Stunden von Cagliari nach Arbatax. Wenn Sie nicht so viel Zeit haben, können Sie die acht Stunden auch verkürzen und nur auf kleinen Teilstrecken mitfahren (→ S. 87).

Wer Einblicke in das ländliche Leben auf Sardinien gewinnen möchte, kann Ferien auf dem Bauernhof machen. »Agriturismo« ist seit einigen Jahren in aller Munde. Hierbei handelt es sich zumeist um kleine Landgüter mit regionaler Küche und besonderem Freizeitangebot. Leider gibt es hier ein paar »schwarze Schafe« unter den Anbietern, die außer dem Umfeld des landwirtschaftlichen Betriebs und dem Fremdenzimmer nichts Besonderes bieten – was gerade für Kinder eine herbe Enttäuschung ist. Informieren Sie sich also am Besten vor der Abreise ausführlich! Rechtzeitiges Buchen ist gerade im Juli und August Voraussetzung, denn in den Wochen der Hochsaison sind die empfehlenswerten Bauernhöfe schnell ausgebucht.

Ferien auf dem Bauernhof

Informationen

Asssociazione Regionale Sarda per l'Agriturismo

⇢ Umschlagkarte hinten, b 4

Via Sassari 3, 09123 Cagliari,
Tel. 0 70 66 83 67, Fax 0 70 66 58 41

Turismo Verde

⇢ Umschlagkarte hinten, westl. b 2

Via Libeccio 31, 09126 Cagliari,
Tel. 0 70 37 26 28, Fax 0 70 37 20 28,
www.turismoverde.it

Unterwegs auf Sardinien

Das charmante Städtchen Bosa liegt inmitten karger Landschaft. Über dem Ort: die imposante Burganlage, von der aus man einen atemberaubenden Blick ins Tal hat.

Sardinien ist so vielfältig wie ein ganzer Kontinent: die mondäne Costa Smeralda, kleine Fischerdörfer, kahle Gebirgslandschaften im Inselinneren, Nuraghen aus der Steinzeit ...

Der Norden

Dieser Teil der Insel hat weit mehr zu bieten als die klassische Postkartenszenerie der Costa Smeralda.

Die »Costa paradiso«, paradiesische Küste, wird dieser Teil der Gallura genannt. Die weitläufige Landschaft zählt zu den schönsten Ecken der Insel.

Puderzuckerstrände, auf die das kristallblaue Meer schwappt, Sonne am stahlblauen Himmel – wer mit dem Flugzeug vor der Landung über den Norden Sardiniens schwebt, hat das klassische Bild einer Mittelmeer-Urlaubsinsel vor sich. Aber der Norden der Insel, dessen größter Teil die **Gallura** ist, bietet sehr viel mehr als die klassische Ferienromantik der Costa Smeralda. In dieser weitläufigen Landschaft finden Sie vor allem alte Städte wie zum Beispiel **Arzachena** und faszinierende Landschaften mit Korkeichenwäldern und rauen Küsten wie am **Capo Testa**.

Eine große Bedeutung hatte die Gallura in der sardischen Geschichte allerdings nie. Die Böden sind nicht besonders fruchtbar, und das Granitbergland schien den zahlreichen Eroberern nicht sehr reizvoll. Interessant war für sie lediglich die Hafenstadt **Olbia**. Heute ist sie mit ihren rund 32 000 Einwohnern die wichtigste Passagier-Hafenstadt.

Besonders typisch ist der Norden für Sardinien nicht. Die Weitläufigkeit der Täler findet man im restlichen Sardinien nicht mehr. Auch die Menschen sind in diesem Teil der Insel ein wenig anders. Früher galten sie als vornehm, fast als Ausländer. Heute sind sie es, die am meisten mit den Besuchern vom Festland oder aus dem Ausland zu tun haben. Auch das beeinflusst.

Den großartigsten Eindruck vom Nordteil der Insel bekommt man in der Hauptstadt der Gallura, in **Tempio Pausania**, genauer gesagt vom Gipfel des nahe gelegenen **Monte Limbara**. Etwa 10 km lang ist die Straße, die sich langsam, Serpentine für Serpentine, den 1362 m hohen Berg hoch schlängelt. Durch herrliche Kiefernwälder erreichen Sie den Gipfel. Schon bei der Fahrt hinauf eröffnen sich reizvolle Perspektiven, und oben angelangt hat man einen fantastischen Blick – je nach Wetter können Sie sogar bis nach Korsika schauen.

MERIAN-Tipp

5 Capo d'Orso

Östlich vom Hafen des Ortes Palau – zu Fuß in ca. 15 Minuten über einen schmalen Pfad zu erreichen – treffen Sie auf den berühmten sardischen Bären (Orso = Bär). 122 m hoch ragt der Felsen, geformt von Wind und Wasser über Millionen von Jahren, in die Höhe. Nicht jeder erkennt in den Felsformationen sofort einen Bären. Nehmen Sie sich für diesen kleinen Ausflug also ruhig ein bisschen Zeit, um zu schauen. Vor allem sollten Sie den gigantischen Rundblick über die Gallura genießen (→ Titelbild).

→ S. 117, E 2

Tempio Pausania mit ca. 13 000 Einwohnern ist die einzige Stadt, die in der Gallura Bedeutung erlangen konnte. Sie liegt zwischen immergrünen Wäldern und granitzackigen Bergen zu Füßen des Monte Limbara. Tempio Pausania ist zu einem Zentrum der Korkverarbeitung herangewachsen. Die Inselgäste mögen Tempio Pausania vor allem wegen der schönen Alleen. Und wegen der Quellen, die schon die Römer zu schätzen wussten. Ebenso traditionell in Sardiniens Norden ist der Weinanbau. Der bekannteste Wein ist der Vermentino di Gallura.

Wer den Norden Sardiniens bereist, wird eine gute Infrastruktur vorfinden, die größte Auswahl an Hotels haben, Postkartenstrände entdecken und an dem mondänen Küstenabschnitt **Costa Smeralda**, mit seinen Luxushotels, edlen Schmuckgeschäften und den vielen Yachten im Hafen manchem Prominenten begegnen. Doch hier werden Sie auch die meisten Touristen um sich haben.

Porto Cervo und die Costa Smeralda

→ S. 117, E 2

ca. 1500 Einwohner

An der Costa Smeralda finden Sie das andere Sardinien, ein schönes, organisiertes und gestyltes Sardinien, das aber mit der tatsächlichen Inselrealität wenig zu tun hat. Aus 5000 ha Weideland machte Prinz Karim Aga Khan das womöglich berühmteste Ferienziel im Mittelmeerraum. Eine architektonisch durchaus gelungene Glitzerwelt, die nichts mit den teils horrenden Bausünden gemein hat, die man z. B. an so manchem spanischen Strand findet.

Beim Stichwort Sardinien fällt den meisten Menschen zuerst die Costa Smeralda ein. Kein Wunder, ist es doch die bekannteste aller sardischen Küsten. Dabei ist sie alles andere als typisch für die Insel. Die Edel-Restaurants und die hervorragenden Hotels könnten an jeder anderen Küste, in jedem anderen Land stehen.

Anfang der 60er-Jahre verliebte sich Prinz Aga Khan Karim in den 55 km langen Küstenstreifen und das damals noch günstige Weideland. In rund 25 Jahren gestaltete er die Region völlig neu, es entstanden exklusive Hotels, Eigentumswohnungen, Sportanlagen und Häfen. Der Treffpunkt und das Ferienparadies für den Jetset war geboren. Der vermeintlich sardische Stil der Häuser wurde von verschiedenen Architekten eigens für diese Region geschaffen.

Die Costa Smeralda hat ihren ganz eigenen Reiz. Es ist der Reiz des Unwirklichen, des Mondänen und des Reichtums.

Der wichtigste Ort ist zweifellos Porto Cervo; mit seinen Sträßchen und Durchgängen wurde er den mediterranen Fischerdörfern der Riviera nachempfunden – und das in durchaus origineller Art und Weise. Hier trifft sich die Finanzwelt im Hotel Cala di Volpe und im Pitrizza, hier schlendert man durch gepflegte Gassen und trägt sein Geld in die Boutiquen aller namhaften Modedesigner. Traumhafte Yachten liegen vor der Küste oder im Hafen Porto Cervos.

Die Atmosphäre ist edel, vermittelt den Eindruck einer luxuriösen, einer vielleicht noch ganz heilen Welt. Die Geschäfte sind ebenfalls edel und schön, aber dadurch auch austauschbar, denn derartige Geschäfte findet man in dieser Ausstattung überall auf der Welt. Dieser kleine Ort ist eine Welt für sich, die fast jeder Besucher der Insel einmal sieht. Viele Feriengäste fahren in Aga Khans Welt und laufen staunend durch die Gassen.

Außerhalb der Urlaubssaison ist Porto Cervo dagegen nahezu ausgestorben – der Ort ohne Eingemeindungen hat gerade mal 300 Einwohner, während sich hier in der Hochsaison an die 50 000 Menschen tummeln –, und man kann sich kaum vorstellen, dass sich hier im Sommer die Hautevolee trifft.

Hotels/andere Unterkünfte

Cala di Volpe

Der Inbegriff von Luxus. Das älteste und bekannteste Hotel am Ort, in einer der schönsten Buchten der Costa Smeralda gelegen.

Eigener Strand, Hafen für kleinere Yachten, außerdem Meerwasserpool. Gepflegtes Restaurant mit Pianobar und Diskothek. Tennis, Golf, Wasserski und Bootsverleih.

07020 Porto Cervo; Costa Smeralda; Tel. 0 78 99 60 83, Fax 0 78 99 64 42; 112 Zimmer, 12 Suiten ●●●● CREDIT

Pitrizza

Direkt am Meer gelegenes Hotel mit einzelnen Villen. Jedes Gästehaus hat zwischen vier und sechs Zimmern, meist mit eigener Terrasse, Patio oder Garten. In der Mitte der Villenanlage liegt das Clubhaus mit Restaurant, Pianobar und Terrasse. Der Privatstrand ist direkt unterhalb des

Ein traumhaftes Fleckchen Erde – nicht nur für Segler: die Costa Smeralda.

Hotels. Meerwasser-Swimmingpool, Anlegemöglichkeiten für Boote. Der Golfplatz ist 15 Min. entfernt.
07020 Porto Cervo; Costa Smeralda; Tel. 0 78 99 15 00, Fax 0 78 99 16 29; 28 Zimmer ●●●● CREDIT

Romazzino
Oberhalb der Bucht gelegenes Haus, ganz in Weiß gehalten inmitten eines bunt blühenden Gartens. Der grüne Rasen reicht bis an den fast weißen Sandstrand. Typisches Sporthotel: Bootsverleih, Golf (ein paar Autominuten entfernt), Surfen, Tennis, Wasserski. Meerwasser-Swimmingpool, Restaurant, Snackbar am Strand, Pianobar. Hervorragender Service.
07020 Porto Cervo; Costa Smeralda; Tel. 0 78 99 60 20, Fax 0 78 99 62 58; 81 Zimmer, 9 Suiten ●●●● CREDIT

Sporting
Südlich von Porto Cervo auf einer winzigen Landzunge gelegen. Dieses Hotel ist eine gute Alternative, wenn es in Porto Cervo zu voll ist. Auf der einen Seite des Hauses liegt weißer Strand, auf der anderen ein kleiner Yachthafen. Jedes Zimmer hat eine eigene Terrasse. Pool, Restaurant, Pianobar, Wasserski vorhanden. Golf- und Tennisclub in der Nähe.
07026 Porto Rotondo; Costa Smeralda; Tel. 0 78 93 40 07, Fax 0 78 93 43 83; 25 Zimmer, 2 Suiten ●●● MASTER VISA

Valdiola
Im sardischen Stil eingerichtetes Haus mit netten Zimmern, Pool und Garten. Gutes Restaurant.
Loc. Cala di Volpe; Tel. 0 78 99 62 15, Fax 0 78 99 66 52; 32 Zimmer ●●● MASTER VISA

Grand Hotel
Edles Hotel an der romantischen Bucht Cala Granu, nur 2 km vom Zentrum Porto Cervos entfernt. Sehr gute internationale Küche – abends mit großer Menüauswahl – und ein herrlicher Panorama-Pool.
07020 Porto Cervo; Costa Smeralda; Tel. 0 78 99 15 33, Fax 0 78 99 15 08; E-Mail: hotelinportocervo@tiscalinet.it; 93 Zimmer ●● VISA

Spaziergang

Der Ort Porto Cervo ist nicht groß und in maximal einer Stunde zu durchlaufen. Ob zum Shopping oder nur um in die Geschäfte zu schauen, ein wenig das Flair der engen Gassen und schattigen Innenhöfe zu atmen: Am besten ist man rund um die Piazzetta degli Archi aufgehoben. Hier kann man seinen Spaziergang kurz unterbrechen, ein Eis essen oder einen Kaffee trinken, der allerdings um einiges teurer ist als irgendwo sonst auf der Insel. Von der Piazzetta delle Chiacchiere zur Sottopiazza reihen sich die schönsten Geschäfte aneinander. Trotz der manchmal sehr internationalen Atmosphäre vergisst man nicht, dass man sich in einem italienischen Dorf befindet.

Hoch über dem Ort liegt die kleine, in Nuraghenform gebaute Kirche Stella Maris mit herrlichen sardischen Teppichen und schönen Silberarbeiten aus dem 19. Jh.

Dauer: ca. 1 Std.

Essen und Trinken

Il Pescatore

Sehr gutes Fischrestaurant, in dem sich gern die Finanzwelt blicken lässt. Unbedingt reservieren!

Molo Vecchio, Porto Cervo;
Tel. 0 78 99 22 96; 19–24 Uhr ●●● MASTER

Einkaufen

Arcarosa

Schöne Antiquitäten.

La Piazza, Porto Cervo

Christian

Erstklassige Lederwaren und Schuhe.

La Passeggiata, Porto Cervo

Leonetta

Designermode und Markenqualität.

Portici Sottopiazzetta, Porto Cervo

I.S.O.L.A.

Sardisches Kunsthandwerk: umfangreiche Auswahl – ob für kleine Mitbringsel oder große Andenken.

Sottopiazza, Porto Cervo

Am Abend

Café du Port

Vor über 30 Jahren eröffnete Franco sein Café am Hafen. Und seitdem kommen vor allem Künstler und Filmschauspieler, um einen Cocktail zu schlürfen.

Mai–Sept. tgl. 18–5 Uhr

Service

Auskunft

Azienda Autonoma di Soggiorno e Turismo (A.A.S.T.)

Via Catello Piro 1, 07026 Olbia;
Tel. 0 78 92 14 53

Das Kirchlein Santa Maria di Stella Maris – hoch über Porto Cervo – fällt durch seine verspielte Bauweise auf.

Boote
Marinasarda
Die Marinasarda ist ein Bootsausrüster, der Yachten für zwei bis acht Personen mit und auch ohne Crew vermietet.
Sottopiazza und Passeggiata, 07020 Porto Cervo; Tel. 0 78 99 24 75

Medizinische Hilfe
Ospedale di Olbia
Via Aldo Moro, 7026 Olbia; Tel. 0 78 95 22 01

Sport
Pevero Golf Club
07020 Porto Cervo; Tel. 0 78 99 62 10

Cervo Tennis Club
07020 Porto Cervo; Tel. 0 78 99 22 44

Verkehrsmittel
Bus
Mit dem Bus kommen Sie in alle größeren Städte der Insel.
Informationen und Tickets
Corso Umberto 168, 7026 Olbia; Tel. 0 78 92 11 97

Taxi
Flughafen Costa Smeralda; Tel. 0 78 96 91 50

Ziele in der Umgebung

Arzachena

→ S. 117, E 2

Obwohl diese kleine Stadt an der Staatsstraße 125 mittlerweile von Touristen überrannt wird, hat sie sich ihre besondere Atmosphäre erhalten können. Besonders reizvoll ist der lebhafte Hauptplatz, die **Piazza Risorgimento**, wo sich Einheimische wie Urlauber treffen. Die Ursprünge Arzachenas reichen bis ins 3. Jahrtausend v. Chr. zurück. Am Ortsrand sieht man viele merkwürdig von Wind und Wetter verformte Granitfelsen. Einer hat sich in einen riesigen Pilz, einen **fungo**, verwandelt. Faszinierend

Sardische Frauen gelten als tapfer und geduldig – man sagt ihnen eine gewisse »Männlichkeit« nach.

ist auch das nahe gelegene Gigantengrab von **Lu Coddu Vecchiu**: Der Eingang des Grabes wird von einer etwa 4 m hohen Mittelstele bewacht. Durch eine kleine Öffnung am Fuß dieser Steinplatte konnten die Seelen aus dem Grab schlüpfen. Der halbrunde Vorplatz des Grabes diente wahrscheinlich als Opferstätte.
Entfernung von Porto Cervo: ca. 65 km; auf der SS 125 bis Arzachena, Straße nach Luogosanto, nach 2 km links, dann noch weitere 300–400 m

Essen und Trinken

Grazia Deledda
Nach wie vor der Luxus-Gourmettempel Sardiniens. Benannt nach der sardischen Schriftstellerin und Nobelpreisträgerin. Einlass nur mit Reservierung.
An der Straße nach Baia Sardinia; Tel. 0 78 99 89 88; ab 19 Uhr ●●●● CREDIT

Il Guscio
Kleines, aber hervorragendes Restaurant mit liebenswürdigem Service. Empfehlenswert: Spaghetti mit Mee-

Eines der besterhaltenen Gigantengräber ist Lu Coddu Vecchiu. Die Entstehungsgeschichte der eindrucksvollen Grabstätten reicht fast 5000 Jahre zurück.

resfrüchten; Fleisch gegrillt auf einem Vulkanstein und Tiramisù.
Via Regina Elena 10; Tel. 0 78 98 27 23; ab 19 Uhr ●● MASTER

Capo Testa

S. 117, D 2

Eine gut ausgebaute, ca. 5 km lange Straße führt von dem Ort Santa Teresa Gallura zur Cala Spinosa. Es ist die äußerste Spitze der Felsenhalbinsel Capo Testa. Herrliche Skulpturen, geschaffen von Wind, Wasser und Sonne – die Naturgewalten haben die Granitfelsen wunderbar verformt. Früher sahen die Menschen in diesen Skulpturen versteinerte Menschen und Tiere. Am schönsten ist dieser nördlichste Punkt Sardiniens, wenn die Sonne im Meer versinkt.
Entfernung von Porto Cervo: ca. 55 km

Hotels/andere Unterkünfte

Grandhotel Corallo
Ein feines und exklusives Haus, nicht weit vom Ortskern von Santa Teresa di Gallura entfernt.
Santa Teresa di Gallura; Loc. Rena Bianca; Tel. 0 78 75 54 75, Fax 0 78 75 54 31; www.hotelcorallo.it; 100 Zimmer ●● MASTER VISA

Essen und Trinken

Da Franco
Hervorragende Küche, die die Palette der sardischen Spezialitäten gut abdeckt. Besonders empfehlenswert sind die Fischgerichte.
Via Capo d'Orso, Palau (25 km östlich); Tel. 07 89 70 59 58; 18–23 Uhr, Mo geschl. ●●● MASTER

Golfo Aranci

S. 117, F 3

18 km nördlich von Olbia – also genau auf der Landnase zwischen der Costa Smeralda und Olbia – liegt der im 18. Jh. gegründete Ort. Ursprünglich war er ein Fischerdorf. Den ersten kleinen Aufschwung erfuhr der Ort Anfang der 80er-Jahre des 19. Jh. Zu dieser Zeit baute man einen Fährhafen, der mit dem italienischen Festland Verbindung schaffte.

Etwa 10 km westlich vom Ort haben Sie von einem Hügel einen wunderschönen Ausblick auf die gesamte Gegend. Und: Hier steht die Kirche Nostra Signora del Monte mit einem Granitkreuz auf ihrem Giebel und dem typisch gallurischen rechteckigen Grundriss.
Entfernung von Porto Cervo: ca. 25 km

Lago del Coghinas

→ S. 117, D 3

Ein 1800 ha großer See, der noch unter Mussolini angelegt wurde. Er zählt zu den größten Stauseen Italiens. Ein Traum für Landschaftsliebhaber und Angler.

Entfernung von Porto Cervo: ca. 65 km; von Olbia auf der SS 199 in Richtung Sassari, bei Oschiri auf die 392 nach Coghinas

La Maddalena

→ S. 117, E 2

Die ca. 50 qkm kleine Insel liegt im Nordwesten Sardiniens. Der gleichnamige Hauptort wurde erst 1770 gegründet. Heute eignet sich die kleine Stadt herrlich zum Bummeln. Leider ist ein Teil der Insel militärisches Sperrgebiet. Von La Maddalena aus gelangen Sie über eine Brücke auf die Insel Caprera. Fähren fahren ab Palau.

Entfernung von Porto Cervo: ca. 50 km

Essen und Trinken

Trattoria La Grotta

Seit über 40 Jahren werden hier beste Meeresfrüchte serviert. Im August unbedingt reservieren!

Via Principe di Napoli 2;
Tel. 0 78 73 72 28; ab 19 Uhr ●● MASTER

Olbia

→ S. 117, E 3

Die 32 000-Einwohner-Stadt lebt in erster Linie von ihrem Hafen, dem wichtigsten Passagierhafen Sardiniens. Wenn Sie dort mit einer Fähre ankommen, werden Sie es gleich merken: Die Stadt ist laut, und von gesunder Meeresluft merkt man auch nicht besonders viel. Eben eine Hafenstadt, in der selbst eine Shoppingtour nicht wirklich zum Vergnügen wird.

Entfernung von Porto Cervo: ca. 25 km

Hotels/andere Unterkünfte

Luna Lughente

Ein Vier-Sterne-Haus mit gutem Service. Liegt günstig zum Flughafen.

Das Altstadtviertel von La Maddalena ist sehenswert – unvergesslich sind jedoch die grandiosen landschaftlichen Eindrücke, die man während der Fährpassage hierher erhält.

Loc. Pittulongu; Tel. 07 95 75 21, Fax 07 95 41 03; E-Mail: info@shg.it; 58 Zimmer ●●● AmEx DINERS MASTER

ESSEN UND TRINKEN

Gallura

Sehr gute, typisch sardische Küche: Lamm, Zicklein, Fisch. Hervorragende Desserts!

Corso Umberto 145; Tel. 0 78 92 46 48; ab 20 Uhr ●●● MASTER VISA

Porto Torres

→ S. 116, A/B 3

Die Basilika **San Gavino** in Porto Torres ist das größte romanische Gebäude Sardiniens. Mit dem Bau der Kirche wurde 1051 begonnen, und sie wurde 1111 fertig gestellt. In der Krypta befinden sich drei Sarkophage mit den Reliquien der Heiligen Gavino, Gianuario und Proto. Jedes Jahr am 3. Mai werden sie in einer feierlichen Prozession in eine kleine Kirche an einer Felsenbucht östlich von Porto Torres getragen. An Pfingsten werden sie in die Basilika zurückgebracht, was in Porto Torres mit einem bunten Volksfest gefeiert wird.

Entfernung von Porto Cervo: ca. 110 km; Porto Torres; tgl. 8–12 Uhr

San Teodoro

→ S. 117, F 3

Südlich von Olbia gelegener Strandabschnitt mit weißem, sehr feinem Sand. Besonders bei Deutschen beliebte Gegend. Die schönsten Strände sind Cala d'Ambra und La Cinta.

Entfernung von Porto Cervo: ca. 35 km

HOTELS/ANDERE UNTERKÜNFTE

Hotel Bonsai

Kleines nettes Haus mit nur zehn Zimmern, zwei Pools, Sauna und Fitnessraum, direkt am Strand La Cinta.

Stille und Besinnlichkeit seit fast 900 Jahren: die Basilika San Gavino in Porto Torres.

Ganzjährig geöffnet!
Via Golfo Aranci; Tel. 0 78 86 50 61; www.hotelbonsai.com; 10 Zimmer ●●
MASTER

Stintino

→ S. 116, A 3

Auf der geschützten Halbinsel nördlich von Alghero liegt zwischen Dünen und Zwergpalmen das hübsche kleine Fischerdorf Stintino. Viele seiner Bewohner sind Nachfahren der Hirten und Fischer, die vor rund 100 Jahren von der vorgelagerten Insel Asinara hierher umgesiedelt wurden, weil man ihre Heimat zu einer der bestbewachten Gefängniskolonien Italiens auserkoren hatte.

Bestechend schön ist die Lage des Dorfes an einem tief eingeschnittenen Naturhafen, auch die pastellfarbenen Häuser tragen viel zum Charme des Ortes bei.

Wegen der schönen Sandstrände am nahe gelegenen Capo del Falcone und der guten Bedingungen für Segler und Surfer ist Stintino im Sommer ziemlich lebhaft.

Entfernung von Porto Cervo: ca. 165 km; Richtung Porto Torres und dann nach Stintino/Capo del Falcone

Tempio Pausania

→ S. 117, D 3

Sie ist die Hauptstadt der **Gallura**, wie der Norden Sardiniens auch genannt wird, und liegt ausgesprochen prächtig – quasi wie ein Balkon – auf einer Bergterrasse vor dem Limbaramassiv. Von hier genießt man einen weiten Blick ins Land. Tempio Pausania ist eine römische Gründung; seine Blütezeit erlebte es im 18. Jh. Wirtschaftliche Bedeutung hat die Stadt vor allem durch die Korkproduktion erreicht. Das kleine Städtchen empfängt den Besucher mit einer frischen Brise. Die Lage – 600 m über dem Meer – macht es fast zu einem Luftkurort und lässt einen – vor allem in den heißen Sommermonaten – aufatmen.

Die Malereien im Innenraum des Bahnhofs von Tempio Pausania lohnen einen genaueren Blick.

Auf der Piazza San Pietro steht die gleichnamige Kathedrale aus dem 15. Jh. Schönes, großzügiges Portal. Sehenswert ist auch der Bahnhof der Schmalspurbahn Palau–Sassari. Giuseppe Biasi malte die Innenräume des denkmalgeschützten Bahnhofs aus. Die Gemälde des Künstlers Biasi, der 1949 hingerichtet wurde (er sympathisierte mit den Mussolini-Faschisten) sind inzwischen 60 Jahre alt. Sie sind eher folkloristisch und zeigen Motive aus dem sardischen Landleben.

Entfernung von Porto Cervo: ca. 50 km; von Olbia auf der Landstraße 127 in Richtung Tempio Pausania

EINKAUFEN

Mario Satta
Kork wird hier zu schönem Kunsthandwerk verarbeitet
Via Puccini 10; 10–12 und 16–18 Uhr

Alghero und der Westen

Dramatische Sonnenuntergänge am Rande einsamer Landstriche im rauen Westen der Insel.

Wer Sinn für filmreife Sonnenuntergänge hat, wird an der Westküste leicht »fündig«: Nirgendwo versinkt der Feuerball so dramatisch im Meer wie hier.

Wellen, die vom Maestrale hoch gepeitscht auf die Steilküste schlagen, gekrümmte Bäume, die dem ewig wehenden Wind nicht mehr standhalten konnten. Der Westen Sardiniens ist sehr viel rauer als andere Gegenden, Teile der Küste sind kaum erreichbar. Nur dort, wo der Wind keine Chance hat, haben sich Menschen niedergelassen, kleine und große Städte gegründet.

Alghero zum Beispiel: Rund 300 Seemeilen trennen die Stadt vom spanischen Festland. Sie liegt fast gegenüber von Barcelona. Etwas Besonderes hat die Stadt bis zum heutigen Tag: ihre Sprache. Viele Einwohner sprechen noch Katalanisch, die Straßenschilder sind häufig sogar zweisprachig. Schon 1910 begann hier der Fremdenverkehr. Heute ist die Stadt während der Sommermonate ganz auf ihre Gäste ausgerichtet. Von hier kann man herrliche Ausflüge in den Nordwesten der Insel unternehmen, einkaufen gehen oder einfach nur am Strand liegen.

Dann gibt es noch **Sassari**, die Stadt, die immer versuchte, ihre große Schwester Cagliari zu überflügeln. Gelungen ist es ihr allerdings nie. Zwar wuchs die Stadt ab dem 13. Jh. – viele Menschen zogen nach Sassari ins Hinterland, um vor der Malaria an der Küste zu fliehen –, 1617 entstand in Sassari sogar die erste Universität Sardiniens, aber 1652 kam das schleichende Ende: Fast die Hälfte der Bevölkerung fiel dem »Schwarzen Tod« zum Opfer. Die Pest ließ den Traum der Stadtväter, die größte und wichtigste Stadt zu regieren, jäh zerplatzen. Von dem kurzen Reichtum blieben dennoch viele Zeugen: zahlreiche barocke Kirchen und schöne Klöster. Deshalb sollten Sie nach Möglichkeit einen Tagesausflug in die zweitgrößte Stadt der Insel einplanen. Einen Vorschlag dafür finden Sie auf S. 92/93.

Aufstieg und Fall kennt auch die jüngste der sardischen Provinzstädte: **Oristano**. Im 14. Jh. erlebte die Stadt ihre Blütezeit. Damals war sie die Hauptstadt des Judikates Arborea. Unter spanischer Herrschaft allerdings wich der Glanz, die Stadt verlor ihre Bedeutung und verkam zu einer Provinzstadt. Heute leben ca. 32 000 Menschen in Oristano, trotzdem wirkt die Stadt immer noch angenehm dörflich. Auch im Hinterland findet man alles andere als städtische Betriebsamkeit: Nuraghen, romanische und pisanische Kirchen in kleinen Dörfern, Ruhe und Einsamkeit in einer manchmal etwas kahlen Landschaft.

Alghero

→ S. 116, A 4

40 000 Einwohner
Stadtplan → S. 47

Blumengeschmückte Balkone in engen Gassen, in die sich die Sonne ihren Weg sucht, herzliche Menschen in einer fröhlichen Stadt, die luftiger wirkt als die Städte im Süden. Alghero ist eine Stadt des Lichts. Nirgendwo scheinen die Häuser so weiß, die Sonne so hell. Es ist auch die Stadt des heiteren Tourismus.

Diese Stadt ist merkwürdig. Merkwürdig anders. Merkwürdig berauschend. Vielleicht liegt es an der schönen Lage. Von hier aus kann man wunderbar den ganzen Nordwesten der Insel erkunden. Vielleicht liegt es aber auch an den schönen Stränden rund um die Stadt oder an dem Hafen mit Blick aufs Capo Caccia und auf die Bucht von Porto Conte. Vielleicht aber liegt es auch an der quirligen Altstadt mit den mächtigen Bastionen und Stadtmauern.

In Alghero gibt es mehr Feriengäste als sonst irgendwo auf Sardinien. Dennoch ist die Stimmung in Alghero so heiter, so hell und gelöst. Man begegnet sich freundlich, wenn man durch die Gassen schlendert und den Hausfrauen beim Wäscheaufhängen zuschaut.

Der achteckige Glockenturm der Kathedrale Santa Maria thront als der höchste Punkt über der Altstadt von Alghero.

deaus gehen, gelangen Sie auf der Via Sassari wieder zum Ausgangspunkt, der Bastione della Maddalena.
Dauer: ca. 1 Std.

Sehenswertes

Palazzo d'Albis → S. 47, b 1
Der schön restaurierte Palast stammt aus dem 16. Jh. Hier lebte der Stadtkommandant, und hier residierte auch kurz Kaiser Karl V. Schön ist auch die Piazza, auf die der Palast gebaut wurde: ein lang gestreckter Platz mit sorgfältig restaurierten Fassaden.
Piazza Civica

Porto Conte → S. 47, nördl. a 1
Ein kleines Stück nördlich von Alghero finden Sie in der gleichnamigen Bucht Porto Conte den alten römischen Hafen Portus Nimpharum – den Hafen der Nymphen. Er ist der einzige natürliche Hafen Sardiniens.

San Francesco → S. 47, b 2
2 Eine wohltuende Oase der Stille mitten in der Stadt ist die Kirche San Francesco. Das goldgelbe Gestein strahlt eine angenehme Wärme aus – die typische Wärme Algheros. Die gotische Kirche aus dem 14. Jh. wurde im 16. und 17. Jh. erweitert und mittlerweile sehr schön restauriert. Sehenswert sind der Altarraum und der Kreuzgang. Man erreicht sie entweder durch die Sakristei vom linken Seitenschiff aus oder durch den linken Eingang der Kirche. Sehr schön ist auch der Innenhof, der im Sommer häufig als Konzertarena genutzt wird.
Via Carlo Alberto; währ. d. Messen geöffnet

Santa Maria → S. 47, a 1
Der achteckige Glockenturm der Kathedrale ist der höchste Punkt Algheros. Mit dem Bau der Kirche wurde 1552 begonnen, fertig gestellt wurde sie 1730. Die fünf Kapellen der Kathedrale sind sternförmig angeordnet. Besonders sehenswert ist der Barockaltar aus Marmor.
Piazza Duomo; währ. d. Messen geöffnet

Essen und Trinken

Al Tuguri → S. 47, a 2
In diesem winzigen, liebevoll eingerichteten Restaurant werden Sie noch

vom Chef bedient. Die Küche bietet vor allem sardische Spezialitäten: viel Fleisch, etwa Spanferkel und diverse Spieße, aber auch Fisch und Meeresfrüchte. Rechtzeitig reservieren!
Via Maiorca 113; Tel. 0 79 97 67 72; ab 20 Uhr, So geschl. ●●● MASTER VISA

Cecchini S. 47, a 2/b 2
Früher kannte man das Restaurant unter dem Namen »La Lepanto«. Gute Fischküche, basierend auf traditionellen Rezepten und manchmal auf ein bisschen Fantasie. Gute trockene Weißweine aus der Umgebung. Man sitzt sehr schön auf einer Terrasse zum Meer. Die Gäste benötigen allerdings etwas Geduld mit der Bedienung.
Via Carlo Alberto 135; Tel. 0 79 97 91 16; ab 20 Uhr ●●● MASTER

Il Pavone S. 47, b 3
Die Sarden, ob im Norden oder Süden, halten dieses Restaurant seit Jahren für das beste in Alghero. Sehr köstlich: die Spaghetti mit Muscheln.
Piazza Sulis; Tel. 0 79 97 95 84; ab 19.30 Uhr, Mi geschl. ●●● MASTER

Dieci Metri S. 47, b 2
Hier gibt's hervorragendes Risotto für alle, die von Pasta nichts mehr wissen wollen. Sehr zu empfehlen: das Risotto mit Meeresfrüchten.
Vicolo Adami/Abzweig Via Barcelonetta; Tel. 0 79 97 90 23 ●● MASTER

Embarcadero S. 47, nördl. a 1
Herrlicher Treffpunkt in Porto Conte: Das Embarcadero ist Pizzeria und Restaurant in einem. Die Meeresspezialitäten schmecken fangfrisch und die Pizza wird im Holzofen gebacken.
Porto Conte; Tel. 0 79 94 22 66; ganzjährig geöffnet ab 19 Uhr ●● DINERS MASTER

EINKAUFEN

Das größte Angebot an **Korallenschmuck, Gold-** und **Silberarbeiten** finden Sie in den Geschäften der **Via Carlo Alberto, Via Columbano** und der **Via Roma.** Nur die roten Korallen stammen aus dem Meer vor Alghero. Inzwischen stehen die Korallenbänke unter Naturschutz. Die Korallenfischerei unterliegt einer strengen Aufsicht und ist limitiert. 3

Alghero hat nicht nur eine malerische Altstadt, sondern auch einen hübschen Park. Wer sich müde gebummelt hat, kann hier ein wenig Siesta halten.

MERIAN-Tipp

7 La Pintadera

Geniale Ferien: vormittags von 9 bis 13 Uhr Italienisch lernen, mittags im blauen Mittelmeer schwimmen, nachmittags die Kultur der Sarden kennen lernen. Und das alles inmitten einer wunderschönen Stadt: in Alghero. Dort bieten Angela, Marilena und Nicola in ihrer kleinen Ferienschule La Pintadera Sprachkurse für Anfänger und Fortgeschrittene an.

Vicolo Adami 41; Tel. 0 79 91 70 64; www.pintadera.info → S. 47, b 2

Enodolciaria → S. 47, b 2
Köstliche sardische Süßigkeiten und gute Weine.
Via Simon 24

Ferraro lavorazione corallo → S. 47, südl. b 3
Eine vielseitige Ausstellung verschiedener Schmuckstücke, hauptsächlich aus Korallen. In der Nebensaison können Sie den Handwerkern bei der Bearbeitung der Korallen über die Schulter schauen. Hier werden Sie ohne Kaufzwang gut informiert und beraten.
Via Lido 55

I.S.O.L.A. → S. 47, östl. c 1
Wie alle Läden dieser Vereinigung, ist auch dieses Geschäft sehr liebevoll ausgestattet. Die handgefertigten Stücke sind von ausgezeichneter Qualität und bieten einen umfangreichen und guten Überblick über das sardische Kunsthandwerk (→ MERIAN-Tipp, S. 21).
Via P. Catalogna 54/56

Mercato → S. 47, b 3
Jeden Vormittag können Sie sich auf diesem Markt mit frischen Früchten, Gemüse und Gewürzen der Region eindecken.
Via Sassari; tgl. 7–13 Uhr

Am Abend

In den Bars auf der Piazza Sulis und an der Torre San Giacomo ist abends am meisten los.

Service

Auskunft

A.A.S.T. → S. 47, b 2
Piazza Porta Terra 9, 07041 Alghero; Tel. 0 79 97 90 54

Verkehrsmittel

Bus → S. 47, b 1
Busbahnhof an der Via Catalogna; Tel. 0 79 97 53 96

Ziele in der Umgebung

Bosa → S. 118, B 6

Eine unglaublich sympathische Stadt, die ursprünglich geblieben ist. Imposant ist die Burganlage, von der aus man einen atemberaubenden Blick ins Tal hat. 4 Darunter liegt das mittelalterliche Viertel **Rione Sa Costa**. Die Prachtstraße der Stadt ist der Corso Vittorio Emanuele II. An den Ufern des Temo, an der von Palmen gesäumten Straße Lungotempo de Gasperi, reihen sich schöne Paläste aus dem 18. und 19. Jh. Fischerboote werden hier jeden Tag nach ihrem Einsatz festgemacht. An der Temobrücke beginnen die Straßen an beiden Flussufern; die Straße am Südufer führt durch eine Gartenlandschaft zu der wunderschönen Kirche San Pietro Extramuros, die zwischen dem 11. und 13. Jh. errichtet wurde und romanische und gotische Elemente harmonisch vereint.
Entfernung von Alghero: ca. 25 km

Hotels/andere Unterkünfte

Il Gabbiano
Solides Mittelklassehotel, relativ nahe beim Badestrand. An der Straße nach Bosa Marina.
Viale Mediterraneo, Bosa; Tel./Fax 07 85 37 41 23; 30 Zimmer ●● MASTER

Grotta di Nettuno

→ S. 116, A 4

Eine der schönsten Tropfsteinhöhlen Sardiniens, insgesamt 1200 m lang. Fast noch beeindruckender ist der Weg dorthin: Auf über 700 Stufen führt die Treppe **Escala di Cabirol** zur Neptuns-Grotte am **Capo Caccia** hinunter, wofür Sie ungefähr 20 Min. benötigen. Sie sollten etwa die doppelte Zeit für den mühsamen Aufstieg einplanen (→ S. 89).

5

Entfernung von Alghero: ca. 9 km; tgl. 8–19 Uhr; stündliche Führungen; Eintritt 7,50 €

Palmavera

→ S. 116, A 4

11 km westlich von Alghero liegt diese Nuraghenfestung, eine ganz aus weißem Stein gebaute Wehranlage, die etwa um 1000 v. Chr. entstanden ist. Die Schmuckstücke, die bei Ausgrabungen gefunden wurden, sind heute im Museo Sanna in **Sassari** (→ S. 93) zu sehen.

Bei Fertilia

Oristano

→ S. 53, B 7

32 000 Einwohner
Stadtplan → S. 53

Wie viele Menschen in Oristano leben oder je leben werden – diese Stadt an der Westküste wird immer ihren ganz eigenen Charakter bewahren: den eines liebenswerten Bauerndorfes. Von wo Sie sich der Stadt auch nähern – überall spürt man die Gelassenheit der Bewohner, die hier noch fest verwurzelt sind. Oristano ist nicht nur die kleinste Hauptstadt, sie ist sogar die kleinste Hauptstadt der kleinsten sardischen Provinz. Erst 1974 wurde Oristano an der Westküste vor der Sinis-Halbinsel zur vierten Provinzhauptstadt ernannt. Zwar wuchs daraufhin die Bevölkerung auf etwa 32 000 Menschen an, aber trotzdem verliert man selten das Gefühl, sich in einem Bauerndorf aufzuhalten.

Der Mittelpunkt der Altstadt ist auch noch heute der Mittelpunkt des Lebens: die Piazza Eleonora. Zu Füßen des prunkvollen Denkmals der Eleonora d'Arborea – ihr Gesetzbuch

Mittlerweile weltberühmt sind die »Murales«, die (politischen) Wandmalereien, die man überall auf Sardinien sieht.

aus dem Jahre 1392 hatte bis 1827 auf ganz Sardinien Gültigkeit – treffen sich abends die Bewohner.

Den alten Stadtkern zwischen der Via Mazzini, der Via Solferino und der Via Cagliari hat man schnell gesehen. Die gemütliche Fußgängerzone – der Corso Umberto – verbindet die Piazza Eleonora mit der Piazza Roma. Hier gibt's die meisten Geschäfte und ein paar Restaurants. Die Kirchen und die Türme der ehemaligen Stadtmauer aus dem 11. Jh. sind vielleicht die interessantesten Sehenswürdigkeiten. Dennoch lohnt sich ein kurzer Aufenthalt, um von hier aus ein paar Ausflüge zu starten.

Hotels/andere Unterkünfte

I.S.A. → S. 53, c 2
Großzügiges Stadthotel, das herrlich zentral liegt. Von hier aus können Sie hervorragend zum Denkmal der schönen Eleonora gelangen, um dort an der abendlichen »passegiata« teilzunehmen oder Eis zu essen.
Piazza Mariano 50; Tel. 07 83 36 01 01; 56 Zimmer ●● MASTER

Piccolo Hotel → S. 53, b 3
Ein kleines Hotel mit herzlichem Familienanschluss. Es ist wunderbar plüschig und altmodisch; die Betten sind sicherlich nicht die neuesten, nicht die härtesten und auch nicht die gesündesten, aber auf jeden Fall immer sauber.
Via Martignano 19; Tel. 0 78 37 15 00; 13 Zimmer ●

Spaziergang

Startpunkt des Spaziergangs ist die **Piazza Eleonora.** Hier befinden sich – abgesehen vom Denkmal der Eleonora d'Arborea – einige der schönsten Palazzi der Stadt. Unter anderem der **Palazzo Comunale** (Rathaus), im 17. Jh. als Kloster genutzt.

Auf dem Weg zum Dom (über die Via Duomo) kommen Sie an der Kirche San Francesco vorbei. Im Inneren befindet sich ein sehr schönes Kruzifix aus dem 15. Jh. Es gilt als Meisterwerk spanischer Bildhauerkunst.

Beim Karneval in Oristano werden Spiele hoch zu Ross ausgetragen.

Den **Duomo** aus dem Jahre 1228 ließ der Richter Marianus errichten. In den folgenden Jahrhunderten wurde er allerdings mehrmals umgebaut. Imposant ist der achteckige Glockenturm aus Sandsteinquadern. Die Zwiebelhaube stammt aus dem 18. Jh. Über die **Via Vittorio Emanuele** kommt man zurück zur Piazza Eleonora und zum **Corso Umberto.** Entlang der Geschäfte geht's zur **Piazza Roma.** Am Rande des Platzes steht die **Torre di San Cristoforo,** ein Turm der ehemaligen Stadtmauer. Er ist einer der wenigen noch vorhandenen Teile der Mauer. Über die Via de Castro gelangt man zum Ausgangspunkt zurück.
Dauer: ca. 1 Std.

Museen

Antiquarium Arborense → S. 53, b 2
Archäologische Fundstücke von der Halbinsel Sinis und aus Tharros. Bronzelampen, Keramik, Waffen nu-

raghischer Herkunft. Punische Terrakottafiguren und Goldschmiedearbeiten sowie Ohrringe und Armreifen aus römischer Zeit. Außerdem eine Reihe von Gemälden von Künstlern aus der Umgebung.
Palazzo Parpaglia, Via Parpaglia; tgl. 9–14, 15–20 Uhr; Eintritt 3 €

Essen und Trinken

Il Faro ⟶ S. 53, c 1
Edle regionale Küche, serviert im klassischen Jugendstilambiente. Sehr gute Meeresfrüchte. Hier sollten Sie mal den gegrillten Tintenfisch probieren. Er ist unglaublich zart und wirklich delikat.
Via Bellini 25; Tel. 0 78 37 00 02; tgl. außer So 19–23 Uhr ●●● MASTER VISA

Lola mundo ⟶ S. 53, b 2
Vielleicht nicht die spektakulärste Küche, aber dafür ein beliebter Jugendtreff in der Altstadt. Hin und wieder gibt es auch Live-Musik.
Piazza Corrias; Tel. 0 78 30 17 32; ab 19 Uhr ● MASTER

Einkaufen

Die beste Auswahl haben Sie in der Fußgängerzone der Altstadt, dem Corso Umberto.

Markthalle S. 53, c 1/c 2
Bunte Früchte und frisches Gemüse bekommen Sie hier vormittags.
Via Mazzini

AM ABEND
Der Treffpunkt zur »passeggiata« ist die Piazza Eleonora. Man flaniert aber auch den Corso Umberto auf und ab oder trifft sich an der Torre auf der Piazza Roma.

SERVICE
Auskunft
E.P.T. S. 53, b 3/b 4
Via Cagliari 276; Tel. 0 78 37 41 91

Pro Loco S. 53, b 2
Vico Umberto 15; Tel. 0 78 37 06 21

Ferien auf dem Bauernhof
Cooperativa Allevatrici Sarde S. 118, B 7
Località Santa Lucia, 09070 Zeddiani;
Tel. 07 83 41 80 66

Verkehrsmittel
Bus (ARST) S. 53, b 3
Via Cagliari 189; PANI-Überlandbusse
Via Lombardia 26

Zug S. 118, südöstl. B 8
Piazza Ungheria

Jeep Touren
Wanderungen und Picknicks in verschiedenen Inselregionen organisiert zum Beispiel
Barbagia Insolita S. 119, E 6
Via Carducci 25; Oliena;
Tel. 07 84 28 81 67, Fax 0 78 42 85 65 61

Ziele in der Umgebung

Marina di Torre Grande
S. 118, B 7

Der kleine Ort, in dem sich hauptsächlich Einheimische am Wochenende einen Kurzurlaub gönnen, liegt etwa 10 km westlich von Oristano. Es ist ein klassisches Naherholungsgebiet der Sarden und von Touristen noch weit gehend übersehen. Lohnenswert ist Marina di Torre vor allem wegen des herrlichen langen Sandstrandes. Und: Entlang der wunderschönen Strandpromenade reihen sich Cafés, Bars und kleinere Geschäfte.

Die Kirche Santa Giusta nahe Oristano – sie thront auf einem Hügel über dem gleichnamigen Dorf – ist unbedingt sehenswert.

Die älteste Bauphase der byzantinischen Kirche San Giovanni di Sinis geht auf das 5. Jahrhundert zurück.

San Leonardo de Siete Fuentes

→ S. 118, B 6

Für Einheimische nützlich, für Touristen interessant, für Kinder der Hit. Auf dem ältesten Pferdemarkt Sardiniens, der immer vom 2. bis 4. Juni stattfindet, kaufen und verkaufen Sarden vom Turnierpferd bis zum Pony alles, was vier Beine hat und wiehert. Hier sieht man auch einige der ehemaligen Wildpferde der Giara di Gesturi. Nur wenige der frei lebenden Wildpferde werden jedes Jahr eingefangen, zugeritten und zum Verkauf angeboten. Ein Großteil dieser relativ robusten Pferde behält seine Freiheit im Inselinneren Sardiniens.

Entfernung von Oristano: ca. 25 km

Santa Giusta

→ S. 118, B 8

Der kleine Ort liegt nur 3 km südlich von Oristano entfernt. Auf einem Hügel im Norden von Santa Giusta finden Sie die gleichnamige Kirche. Sie ist ein wunderbares Beispiel für die pisanische Romanik auf Sardinien.

Stagno di Santa Giusta

→ S. 118, B 8

Ein fischreicher See im Süden der Stadt, eines der größten Feuchtgebiete Sardiniens. Auch hier überwintern die rosafarbenen Flamingos. Leider ist ein Teil des Gebietes der Industrie Oristanos zum Opfer gefallen.

Entfernung von Oristano: 4 km

Tharros

→ S. 118, B 8

Auf dem Wege zum südlichen Zipfel der Sinis-Halbinsel, am Anfang der Landzunge Capo San Marco, liegt das älteste christliche Baudenkmal der Insel: die Kirche **San Giovanni di Sinis**. In Tharros selbst finden Sie die Ruinen der antiken Stadt Tharros, eine Hafen- und Handelskolonie der Phönizier, die zwischen dem 11. und 8. Jh. v. Chr. gegründet wurde. Im Jahre 1851 haben Archäologen die Stadt, nachdem sie Jahrhunderte verschüttet war, entdeckt. 1956 wurden die ersten Teile der Stadt freigelegt.

Entfernung von Oristano: 4 km

Cagliari und der Süden

Der Süden Sardiniens ist eine ganz eigene Welt, die es zu entdecken gilt.

Zum Schutz vor ungebetenen Gästen errichtet: Von den höher gelegenen Wehrtürmen konnte man die feindlichen Schiffe früher sichten.

Der Süden ist das grüne Herz Sardiniens und der fruchtbarste Landstrich. Im Frühling holen Bauern die sonnengereiften, saftigen Mandarinen und Apfelsinen von den Bäumen. Das Frühgemüse wächst unter den schon intensiven Sonnenstrahlen heran. Scheinbar endlose Weizenfelder wiegen sich im Wind. An klaren Tagen kann man die Hügelketten von **Iglesiente** und **Súlcis**, ganz im Südwesten der Insel, erahnen.

In den Vogelparadiesen der **Flumendosa-Mündung** und in der Gegend um **Muravera** im Südosten herrscht Hochbetrieb. Flamingos, Kormorane und unzählige Reiher sind mit Brüten beschäftigt. An den Stränden rund um Cagliari trifft man wieder Menschen. Die Sarden kommen auf die Straßen und Plätze, beginnen das Leben wieder im Freien zu feiern.

Im Sommer bevölkern sie auch die weißen Strände an der **Costa Rei**, der Königsküste. Sie packen ihre Picknickkörbe aus und genießen das Sonnenbad im feinen Sand. Geschützt von kleinen Felsensprengseln, die den 10 km langen Strand in kleine, verwunschene Buchten teilen.

Die Einheimischen treffen sich aber auch am Poetto, dem Stadtstrand von **Cagliari**, bringen ihre Kassettenrecorder mit und legen sich in die Sonne, die hier sehr viel intensiver zu brennen scheint als im Norden der Insel.

Es ist auch leider die Zeit der Brände, deren Ursache nur selten geklärt wird. Zum einen sind es achtlose Raucher, die brennende Zigaretten aus dem Fenster ihres Wagens werfen. Manchmal sind es nur herumliegende Glasscherben. Die Sarden behaupten aber auch, es sei vielerorts Brandstiftung.

Im August ist die Insel am vollsten. Dann, wenn vor allem die Römer kommen, um ihre Sommerferien dort zu verbringen. Die Strände des Südens füllen und die Städte leeren sich. Sardiniens Hauptstadt Cagliari hängt dann unter einer Hitzeglocke, in der es etwas stiller wird. Die meisten Sarden haben in diesen Wochen frei und flüchten sich aufs Land, um dort ihren Urlaub zu verbringen.

Der Süden der Insel ist mit seiner relativ lockeren Bebauung, mit dem vielen Grün, den Bergwäldern, der ruhigen Ländlichkeit und dem betriebsamen Leben der Hauptstadt unglaublich vielfältig. Hier finden Touristen wirklich alles, was sie für einen gelungenen Urlaub brauchen. Und das zum Teil zu sehr viel günstigeren Preisen als im bekannteren Norden.

MERIAN-Tipp

8 Naturerlebnis Sárrabus

Ein Ausflug in die romantische Einsamkeit des **Sárrabus**, ca. 25 km nordöstlich von Cagliari: Es ist ein Ausflug in schattige Täler und in eine bizarr verwitterte Felslandschaft. Mit dem Auto fahren Sie auf der SS 125 bis zum Pass »Arcu Neridu« und von dort aus in Richtung »Parco 7 fradis«. Sie können links an der Kapelle oder an der Forststation parken. Der Staatsforst ist im Sommer zwischen 8 und 19 Uhr, im Winter von 8 bis 16.30 Uhr geöffnet. → S. 121, D 10

Cagliari

→ S. 121, D 11

ca. 240 000 Einwohner
Stadtplan → Umschlagkarte hinten

Echter sardischer Alltag – so erlebt man ihn nur in Cagliari. Autos, die sich hupend durch die Straßen schlängeln, geschäftige Menschen, die telefonierend an den Ecken stehen. Die Stadt reißt ihre Besucher mit: das pulsierende Leben, der tosende Verkehr, die zu Stein gewordene Geschichte – man liebt oder hasst sie! In Cagliari fühlt man sich nicht wie ein Tourist, hier erlebt man sardischen Alltag, gehört einfach mit dazu. Die Stadt nimmt einen gefangen und lässt einen nicht wieder los. Und irgendwann liebt man Cagliari trotz des gigantischen Verkehrs, der sich tagein, tagaus durch die engen Gassen quält. Mit Geknatter schlängeln sich die Mopedfahrer durch die Autokolonnen und die Menschenmassen. Als Fußgänger braucht man ein kleines bisschen Mut ... Ruhe suchende Urlauber und Cagliaritaner flüchten gern auf die **Bastione San Remy**, 6 oberhalb der Piazza Costituzione gelegen. Von hier aus hat man einen schönen Blick auf die Stadt, schaut auf den Hafen oder träumt vor sich hin.

Tunis ist von hier aus näher als Rom. Und Cagliari ist nicht nur älter als Rom, sondern auch auf mehr als sieben Hügeln erbaut. Darauf ist die Stadt stolz. Überhaupt mögen die Cagliaritaner die Römer nicht besonders gern. Wenn etwas gestohlen wird, eine Jacke oder ein Auto, sind es für sie immer die Römer.

Cagliaris Geschichte reicht bis in die prähistorische Zeit zurück, wie 7000 bis 6000 Jahre alte Funde beweisen. Die Phönizier gründeten im 7. Jh. v. Chr. die Siedlung Karali, das heutige Cagliari. Im 3. Jh. v. Chr. eroberten die Römer die Stadt, die unter ihrer Herrschaft eine erste Blütezeit erlebte. In der Folgezeit wurde Cagliari von Ostgoten und Vandalen angegriffen, es kam zu Überfällen von Piraten und Sarazenen. Auch die Mauren, die Genueser und Pisaner versuchten die Stadt unter ihre Herrschaft zu bringen. Nach der Eroberung der Spanier 1326 wurde Cagliari dann endgültig zur Hauptstadt Sardiniens.

Die Stadt wächst ungebremst. Trotz der hohen Arbeitslosenquote – vor allem unter den Jugendlichen – stieg in den vergangenen Jahren auch der Lebensstandard. Die Zeiten, in denen man noch liebevoll mit Kreppband zusammengehaltene Oldtimer fahren sah, sind vorbei. In der Via Garibaldi und in der Via G. Manno, den menschenwimmelnden, engen Haupteinkaufsstraßen, reiht sich Geschäft an Geschäft. Hier entdeckt man noch oft schmiedeeiserne Balkongitter mit reizvoll abwechselnden Motiven – ein interessanter Kontrast zu den teils exklusiven, »cool« designten Läden. Und

Die Bastione San Remy wurde im 18. Jahrhundert von den Piemontesen anstelle einer früheren spanischen Festung errichtet.

auch in der palmenbestandenen Via Roma, der Straße aus der Jahrhundertwende, sieht man heute nur noch selten Bettler und Obdachlose.

Hotels/andere Unterkünfte

Das Angebot an Unterkünften in Cagliari hat sich in den letzten Jahren eindeutig gebessert. Allerdings fehlt es noch immer an Mittelklassehotels im Zentrum der Stadt. Wenn Sie sich etwas Gutes tun wollen: Machen Sie einen großen Bogen um Billigunterkünfte. Bis auf einige wenige Ausnahmen sind sie zumeist schlecht und ungepflegt. Wer nicht direkt in der Stadt wohnen möchte, sucht sich einfach ein Hotel in der Umgebung.

Regina Margherita

→ Umschlagkarte hinten, d 5

Das Regina Margherita gilt als das beste Stadthotel Cagliaris. Angenehme zentrale Lage, sehr moderne Ausstattung der Zimmer.

Viale Regina Margherita 44; Tel. 0 70 62 03 42, Fax 07 06 68 31 25; www.reginamargherita.net; 100 Zimmer ●●●● AmEx MASTER VISA

Sant'Efis → S. 121, D 12

Nur ein Katzensprung von der antiken Ruinenstadt Nora entfernt. Ein kleines Haus direkt am Strand mit gutem Restaurant. Von hier aus werden Schiffsausflüge organisiert. Ca. 25 km nach Cagliari; Strandstraße.

09010 Pula, Ortsteil Nora; Tel. 07 09 24 53 70, Fax 07 09 24 53 73; 50 Zimmer ●●●● DINERS MASTER VISA

Villa del Parco → S. 121, D 12

Allerfeinster Luxus in der Anlage des »Forte Village«. Die insgesamt 18 Bungalows liegen angenehm schattig zwischen Pinien direkt am Privatstrand der Hotelanlage. Die Krönung: das Dachrestaurant »Belvedere«. Ca. 25 km von Cagliari entfernt.

SS 195, km 39,8, 09010 S. Margherita di Pula; Tel. 0 70 92 15 16, Fax 0 70 92 11 13; 43 Zimmer ●●●● AmEx MASTER VISA

MERIAN-Tipp

9 Töpfern althergebracht

Stefania Ariu, geboren auf Sardinien, ist mit Kunst groß geworden. Ihr Vater malte, während sie sich bereits in frühester Kindheit mit dem Werkstoff Ton beschäftigte. Heute zaubert sie mitten in Cagliari ohne Töpferscheibe – noch in der traditionellen »Wursttechnik« – wunderbare Figuren und Formen.

Stefania Ariu; Via Costituzione 16; Cagliari → Umschlagkarte hinten, d 4

Flamingo → S. 120, C 12

Direkt am Strand gelegenes, sehr schönes Hotel in der Nähe von Pula. Modern und elegant eingerichtet. Ca. 28 km von Cagliari entfernt.

SS 195, km 33,8, 09010 S. Margherita di Pula; Tel. 07 09 20 83 61, Fax 07 09 20 83 59; www.hotelflamingo.it; 134 Zimmer ●●● AmEx ♿

Hotel Mediterraneo

→ Umschlagkarte hinten, f 5

Auch wenn das Haus schon etwas in die Jahre gekommen ist, kaum ein Hotel liegt so günstig wie das Mediterraneo: Von hier aus können Sie zu Fuß die Stadt erkunden, und zum Poetto, dem Strand Cagliaris, fahren Sie nur etwa 8 Min. Und: Das Personal des Hauses ist außerordentlich höflich, fröhlich und hilfsbereit.

Via Cristoforo Colombo 46; Tel. 0 70 30 12 71, Fax 0 70 30 12 74; www.hotelmediterraneo.net; 140 Zimmer, 12 Suiten ●●● MASTER VISA

Hotel Quadrifoglio

→ Umschlagkarte hinten, nördl. f 1

Etwas außerhalb vom Stadtzentrum gelegenes, gutes Hotel mit angenehmem Service. 10 Min. zur City.

Cagliari/Selaguis, loc. Su Planu; Via G. Perreti 8/10; Tel. 0 70 54 30 93, Fax 0 70 54 30 36; E-Mail: sardegnasud@iol.it. ●●● MASTER ♿

Capo Sant'Elia S. 121, D 11
Ein wunderschön gelegenes Hotel direkt am Meer. Zum Hotel gehört ein sehr beliebtes Fischrestaurant. 5 km von Cagliari entfernt.
Cagliari-Cala Mosca; Tel. 0 70 37 16 28; 47 Zimmer ●●

Ulivi e Palmi
Umschlagkarte hinten, nördl. d 1
Ein nettes Hotel mit Zimmern oder Mini-Apartments und Schwimmbad. Leider liegt es nicht besonders zentral. Sie benötigen ein Auto oder sind auf die Busse angewiesen.
Via Bembo 25; Tel. 0 70 48 58 61, Fax 0 70 48 69 70; E-Mail: hotelresidence @uliviepalme.it; 23 Zimmer, 103 Mini-Apartments ●● MASTER

Alloggio Firenze
Umschlagkarte hinten, b 4
Nette, kleine Pension, geführt von Francesca Moroni.
Corso Vittorio Emanuele 50; Tel. 0 70 65 52 22; 10 Zimmer ●

Spaziergang

Am schönsten ist es, wenn Sie Ihren Stadtrundgang am Hafen, an der **Via Roma,** beginnen. Vielleicht trinken Sie vorher noch einen Cappuccino unter den Arkaden der klassizistischen Häuser. Das schönste Gebäude ist das Rathaus (Palazzo del Municipio) gegenüber der **Piazza Matteotti.** Gebaut wurde der weiße Palast mit seinen achteckigen Portaltürmen im Jahre 1897.

An der Ostseite des Palazzo beginnt der Largo Carlo Felice, eine große Prachtstraße Cagliaris, die sich den Berg hinaufzieht und von Bäumen gesäumt wird. Hier findet man schöne Geschäfte in großer Auswahl. Auf dem Weg nach oben kommt man auf der rechten Seite zu einem kleinen Platz, der zur Kirche Sant' Agostino aus dem Jahre 1580 gehört. Zur Zeit ist die Kirche – übrigens die einzige Renaissancekirche Sardiniens – leider geschlossen. Doch immerhin können Sie in dem kleinen Innenhof vor der Kirche sitzen, die Ruhe genießen und die Skulpturen des zeitgenössischen sardischen Bildhauers Pinuccio Sciola betrachten.

Oben auf der **Piazza Yenne** angekommen, stehen Sie zwischen mehreren Marktständen. Verkauft werden – angeblich sardisches – Kunsthandwerk, afrikanische Masken und allerlei Trödel. Von diesem Platz aus können Sie wunderbar das enge Gassengewirr der Stadt erkunden.

Rechts oberhalb der Piazza sind die Treppen, die zum **Castello** führen. Viele Jahrhunderte war das Castello, sardisch **Casteddu**, wie eine Stadt innerhalb der Stadt. Gebaut wurde es ab 1217 von den Pisanern; die Spanier übernahmen es, als es schon fast fertig war. Die Pisaner bauten auch den gewaltigen, etwa 35 m hohen **Torre dell' Elefante,** zu dessen Füßen Sie nach dem steilen Anstieg stehen. Gegenüber befindet sich ein Gebäude der Universität aus dem Jahre 1765.

Wenn Sie der Via Università folgen, erreichen Sie die **Bastione San Remy** mit der Aussichtsterrasse, der **Terrazza Umberto.** Von hier aus haben Sie einen herrlichen Blick über die Stadt, vom Hafen bis zum Poetto, einer Befestigungsanlage, die 1720 von den Piemontesen errichtet wurde. 6

Wenn Sie die Treppe weiter hinaufsteigen, kommen Sie zur **Via Fossario** und von hier aus direkt ins Zentrum des Viertels. Am Ende der Straße steht der **Duomo Santa Maria di Castello**. Der Dom (13. Jh.) mit seiner hellen Marmorfassade erinnert ein wenig an den Dom von Pisa. Die herrliche **Guglielmo-Marmorkanzel** aus dem 12. Jh. stand tatsächlich früher im Dom von Pisa. Den Domvorplatz begrenzt das alte Rathaus aus dem 18. Jh., die sich anschließende **Piazza Palazzo** wird vom **Palazzo Viceregio** bestimmt, der heute als Sitz der Präfektur der Provinz Cagliari dient. Am

Die Terrazza Umberto mit ihren Piniengruppen, Bänken, Blumen und Cafés ist rund ums Jahr Treffpunkt der Cagliaritaner.

Ende der **Via La Marmora**, vorbei an der **Chiesa della Purissima**, einer katalanisch-gotischen Kirche, liegt die **Piazza Indipendenza**. Überragt wird der Platz von der **Torre di San Pancrazio**. Auf der Piazza Indipendenza finden Sie auch das **Museo Nazionale**, eine ziemlich überladene Ausstellung von Funden aus verschiedenen Epochen. Über die **Via dei Genovesi** gelangen Sie wieder zurück zur Bastione San Remy. Sie verlassen die Terrazza Umberto über die Treppen nach unten auf die **Piazza Costituzione**. Von hier aus gelangen Sie auf die **Via G. Manno**, eine der schönsten Einkaufsstraßen der Stadt. Die Via G. Manno stößt am Ende wieder auf den Largo Carlo Felice und damit auf die Via Roma, den Ausgangspunkt des Spaziergangs.

Dauer: ca. 3 Std.

Sehenswertes

Amphitheater (Anfiteatro Romano)

→ Umschlagkarte hinten, a 1

Das größte römische Bauwerk der Insel liegt im Nordwesten des Zentrums. Das Theater wurde in elliptischer Form in die Felsen gehauen. Immerhin maß es ca. 1150 qm; die Sitzreihen boten Platz für etwa 20 000 Menschen.

Unter den Tribünen befanden sich die Räume für die Gladiatoren sowie Tierkäfige und Laufgänge.

Viale Fra Ignazio; Eintritt frei

Botanischer Garten (Orto Botanico)

→ Umschlagkarte hinten, a 2/a 3

Westlich der Innenstadt im Universitätsviertel gelegen, bietet der Garten einen ganz passablen Überblick über die sardische Flora. Er ist ca. 5 ha groß und erstreckt sich bis zum römischen Amphitheater. Der Garten gehört zum Botanischen Institut der Universität.

Viale Fra Ignazio; Mo–Fr 9–13, Mo, Mi, Fr auch 16–19 Uhr; Eintritt frei

Madonna di Bonaria

→ Umschlagkarte hinten, östl. f 5

Eine der meistbesuchten Wallfahrtskirchen Sardiniens, schön auf einem Hügel gelegen. Der Klosterkomplex besteht aus der Wallfahrtskirche Santuario di Bonaria, einem Kreuzgang und der großen Basilika. Beeindruckend ist die Freitreppe – übrigens ein herrlicher Aussichts- und Ruhe-

punkt –, die gebaut wurde, als Papst Paul VI. beschloss, Sardinien zu besuchen. Die Madonna di Bonaria ist die Schutzheilige der Fischer und Seeleute. Eine Legende besagt, dass das Holzbildnis der Madonna im Jahre 1370 am Strand unterhalb der Wallfahrtskirche angeschwemmt wurde. Die Barockfassade der Basilika ist schon vom Meer aus zu sehen. Im Kreuzgang zeigen Votivbilder Darstellungen von Unglücken und wunderbaren Errettungen.
Viale Bonaria

San Saturno

→ Umschlagkarte hinten, f 3

Mit dem Bau dieser ältesten Kirche Sardiniens wurde schon im 5. Jh. begonnen. Die Kuppel, 17 m hoch, stammt teilweise aus dieser Zeit und wurde Vorbild für zahlreiche andere Kirchen der Insel.
Piazza San Cosimo

Museen

Collezione Sarda

→ Umschlagkarte hinten, c 3/4

Sehenswerte Privatsammlung von historischen Landkarten, Stichen und Zeichnungen von Sardinien.
Seminario Tridentino della Università, Via Università 32; Mo–Fr 9–12, Juli, Aug. auch Di und Do 16.30–18.45 Uhr; Eintritt 2 €

Galleria Comunale d'Arte

→ Umschlagkarte hinten, nordwestl. c 1

In dieser städtischen Kunstgalerie findet man eine grandiose Sammlung aller bedeutenden Künstler Sardiniens.
Largo Guiseppe Dessi; Tel. 0 70 49 07 27; www.collezioneingrao.it; Mo–Mi 9–13 und 17–21 Uhr; Eintritt 1,50 €

Museo delle Ferrovie

→ Umschlagkarte hinten, nördl. c 1

Eisenbahnmuseum, in dem nicht nur Kinder leuchtende Augen bekommen.
Via Pompeo, Monserrato; Tel. 0 70 58 02 46; tgl. 8–14 Uhr; Eintritt 2,60 €

Einen faszinierenden Blick in die Frühgeschichte Sardiniens bietet das Nationalmuseum.

Museo Nazionale

→ Umschlagkarte hinten, b 1/2

Das Nationalmuseum ist sehr voll, ein Besuch lohnt sich aber dennoch, schließlich ist es das bedeutendste archäologische Museum der Insel.
Piazza Indipendenza; tgl. 9–19 Uhr; Eintritt 2 €

Essen und Trinken

4 Mori

→ Umschlagkarte hinten, b 4

Das Restaurant hat sich auf sardische Spezialitäten festgelegt. Viele Fischgerichte, aber auch Rezepte aus dem Inselinneren, wie zum Beispiel Lamm.
Via G. M. Angioj; Tel. 0 70 65 02 69; So geschl. ●●●● MASTER VISA

Calamosca sul Mare

→ Umschlagkarte hinten, östl. f 5

Hierher geht man auch wegen des wunderschönen Blicks über das Meer. Auf der anderen Seite der Bucht blinkt ein Leuchtturm. Abseits des Zentrums und am besten mit dem Auto zu erreichen.
Viale Calamosca 50; Tel. 0 70 37 02 52 und 0 70 37 16 28; So geschl. ●●●

Gennargentu

⇢ Umschlagkarte hinten, c 5

Geheimtipp im Marinaviertel. Das Essen ist fantastisch. Besonders gut sind die Fischgerichte, vor allem »zuppa frutti di mare« oder »zuppa di pesce«. Man trifft kaum Touristen, sondern in erster Linie Einheimische.

Via Sardegna 60; Tel. 0 70 65 82 47, Fax 0 70 67 20 21; So geschl. ●●●

Antico Caffè

⇢ Umschlagkarte hinten, c/d 4

Köstlicher »latte macchiato« und hausgemachte Süßigkeiten im tosenden Stadtleben. Eines der ältesten Cafés Cagliaris.

Piazza Costituzione; ab 9 Uhr ●● MASTER

Praca de Bahia

⇢ Umschlagkarte hinten, b 4

Wenn Sie vor 20 Uhr kommen, haben Sie nicht nur beste Parkmöglichkeiten, sondern finden mit Glück auch noch im ersten »Saal« des Restaurants Platz. Ob Pizza oder gegrillter Tintenfisch: Hier wird so ziemlich jeder Wunsch erfüllt. Ihren Kindern wird die Pizza sogar mit Spaghetti belegt, wenn sie es denn wünschen.

Via Goffredo Mameli 218; Tel. 0 70 27 90 68 ●●

Tre archi

⇢ Umschlagkarte hinten, e/f 5

In diesem Lokal gibt es sehr gute Pizzen und dazu einen liebenswürdigen Service. Am Wochenende unbedingt reservieren! Gute Parkmöglichkeiten.

Viale Armando Diaz, gegenüber der Banca di Sardegna; Tel. 0 70 66 44 87 oder 0 70 65 29 38; Okt.–Mai Mo geschl. ●● DINERS

EINKAUFEN

Castangia

⇢ Umschlagkarte hinten, d 2

Designerkleidung für Herren. Von Armani bis Ermenegildo Zegna.

Via Giuseppe Garibaldi 80

FOS ⇢ Umschlagkarte hinten, b 4

Hier bekommen Sie das berühmte »pane carasau« und den besten »Mirto«.

Via Sassari 50

Von den Römern nach griechischer Manier in den Kalkstein gehauen: Das Amphitheater von Cagliari bot Platz für 20 000 Zuschauer.

I.S.O.L.A.
→ Umschlagkarte hinten, nördl. d 1
Beste Auswahl sardischen Kunsthandwerks. Alles handgemacht!
Via Bacaredda 176

Moni Caprago
→ Umschlagkarte hinten, d 3
Sehr schöne Taschen und Koffer.
Via Giuseppe Garibaldi 60

Stenik → Umschlagkarte hinten, d 1
Abgedrehte 70er-Mode.
Piazza Garibaldi 46

Su scusorgiu
→ Umschlagkarte hinten, b 4
Schon optisch ein schöner Lebensmittelladen. Sardische Spezialitäten.
Via Goffredo Mameli 140

AM ABEND

Sicherlich ist am Abend auf der **Via Roma** und dem **Largo Carlo Felice** am meisten los. Das Publikum ist zum Teil aber auch recht fragwürdig – Sie sollten gut auf Ihre Handtasche achten. Schön ist es auch, einen abendlichen Mirto oder Kaffee in einer der kleinen Strandbars am Poetto zu trinken.

La Fattoria → Umschlagkarte hinten, nordöstl. f 1
Pizzeria und Diskothek auch für ältere Jahrgänge.
Via dei Conversi; Tel. 0 70/49 58 48

Marina Piccola
→ Umschlagkarte hinten, östl. f 5
Man schlendert durch den kleinen Yachthafen oder setzt sich in das Lokal am Anfang der Marina, um einen Cocktail zu trinken oder einfach nur der Livemusik zuzuhören.

SERVICE

Auskunft
A.A.S.T.
→ Umschlagkarte hinten, b 5
Piazza Matteotti 9; Tel. 0 70 66 41 95 und 0 70 66 49 23

MERIAN-Tipp

10 Antica Locanda Rosella

Der kleine Ort Giba im Südwesten von Cagliari direkt an der Straße nach Porto Botte ist weder besonders bekannt noch besonders spektakulär. Wenn da nicht das kleine Hotel und Restaurant Rosella läge. Zehn Zimmer vermietet Luigia Pennisi in ihrer »Clinica Gastronomia con Allogio«. Alles ist konsequent sardisch. Nicht nur die weißen Rauputzwände und das viele Holz, sondern auch die fantastische Küche des Hauses. Es gibt keine Karte, denn Luigia kocht jeden Tag etwas anderes. Und ihre Rezepte verrät sie manchmal in Kochkursen.

Via P. Piemonte 135; Tel. 07 81 96 40 29 oder 07 81 96 49 64 ●●
→ S. 121, B 11

E.P.T. → Umschlagkarte hinten, e 6
Informationen über die Umgebung.
Piazza Deffenu; Tel. 0 70 66 32 22 07

Krankenhaus
Ospedale Civile San Giovanni in Dio Pronto Soccorso
→ Umschlagkarte hinten, a 2/b 3
Via Ospedale, Tel. 0 70 66 32 37

Verkehrsmittel
Bus
- ARST-Busstation für den Großraum Cagliari
  → Umschlagkarte hinten, b 6
  Piazza Matteotti
- PANI-Busstation für Überlandfahrten
  → Umschlagkarte hinten, d 5
  Piazza Darsena; Tel. 0 70 65 23 26

Zug
- Stazione di Cagliari
  → Umschlagkarte hinten, f 1/2
  Piazza Repubblica; Tel. 0 70 49 13 04
- Italienische Staatsbahn
  → Umschlagkarte hinten, a/b 5
  Piazza Matteotti; Tel. 0 70 65 62 93

Ziele in der Umgebung

Chia

S. 120, C 12

Der endlos lange Strand und die anschließende Bucht sind wie im Traum. Das Meer und die Dünen wirken wie eine Mischung aus Karibik und Sylt. Wacholderbäume, Oleander- und Rosmarinbüsche verbreiten einen unvergleichlichen Duft.

7

Entfernung von Cagliari: ca. 20 km

Maracalagonis

S. 121, E 10

Eigentlich würde man diesen kleinen Ort nordöstlich von Cagliari als Urlauber links liegen lassen. Nicht, weil er nun besonders hässlich wäre. Aber er ist unspektakulär. Nur hin und wieder erwacht er aus seinem Schlaf. Dann, wenn einer der Bauern seinen Hof für einen ganz besonderen Event zur Verfügung stellt: für das Fest der Vereinigung der Folklore-Gruppen. Von einem festlich gekleideten Empfangskomitee bekommt jeder Gast einen Begrüßungsdrink, mit dem man dann die wunderbare Stimmung im Innenhof genießen kann. An langen Tafeln werden anschließend sardische Spezialitäten gespeist, abgerundet von beeindruckenden Tanz- und Gesangsvorführungen.

Anmeldung: Vicenzo Atzeri, Via Cagliari 5, 09040 Maracalagonis; Tel. 0 70 78 90 54

Monte Sette Fratelli

S. 121, E 10/11

Ein Ausflug in die Natur: Ca. 30 km östlich von Cagliari breitet sich der Staatsforst Monte Sette Fratelli aus, der unter Naturschutz steht. Hier finden Sie noch wunderschöne Waldflächen mit Baumheide und Erdbeerbäumen, Kork- und Steineichen, Kreuzdorn und Myrte. Dazwischen ragen hier und da Granitgipfel aus dem Grün. Seit einiger Zeit versucht man hier wieder den sardischen Hirsch einzugliedern. Mit etwas Glück werden Sie Gänsegeier, Steinadler und Wildkatzen sehen und die Spuren von Wildschweinrotten entdecken.

Vom Winde gebeutelt: Der Wuchs der auf Sardinien weit verbreiteten Korkeiche demonstriert die wilden Kräfte der Natur.

Fahren Sie auf der SS 125 Richtung Muravera. Auf der Höhe, wo links die Straße nach Burcei abgeht, führt rechts ein Weg in den Staatsforst Monte Sette Fratelli. Am Forsthaus zweigt ein Wanderweg ab zum höchsten Gipfel der Region, zur **Punta Sa Ceraxa** (1023 m). Für die Wanderung – sie beginnt auf einer Höhe von ca. 600 m – brauchen Sie rund 2,5 Std.

Muravera und Costa Rei

→ S. 121, F 10

Ein kleines, quirliges Städtchen, in dem Sie alles finden. Ob nun schönes Kunsthandwerk aus allen Teilen der Insel, preiswerte Supermärkte oder Reformhäuser mit homöopathischen Mitteln. Und das Städtchen liegt an einer der schönsten Küsten der Insel: der Costa Rei, der Königsküste. Hier können Sie baden, lange spazieren gehen. Eben leben wie ein König.

Entfernung von Cagliari: ca. 70 km

Hotels und andere Unterkünfte

Hotel Albaruja

Relativ neues, herrliches Ferienhotel direkt an der »königlichen Küste«, der Costa Rei, mit nettem Service. Spezialangebote für Wochenendausflügler.

Muravera, Via C. Colombo;
Tel. 070 99 15 57, Fax 0 70 99 14 59;
E-Mail: info@albaruja.it; 34 Zimmer ●●●
DINERS MASTER

Nora

→ S. 121, D 12

Kurz hinter Pula liegt die römisch-punische Hafenstadt Nora, deren Säulen, Theater und Mosaiken teils noch aus der römischen Kaiserzeit stammen. Vermutlich wurde die Küstenstadt im 9./8. Jh. v. Chr. gegründet. Phönizische Seefahrer nutzten die günstige Lage, um Handel zu treiben. Funde aus Grabbeigaben lassen darauf schließen, dass Nora bereits im 5. Jh. v. Chr. eine reiche Handelsstadt war. Im 2. und 3. Jh. n. Chr. erreichte die Stadt unter römischer Herrschaft vermutlich ihren Höhepunkt im Handelsgeschäft. Der Niedergang Noras begann mit den Überfällen und dem Eindringen der Vandalen Mitte des 5. Jh. n. Chr. Besichtigen können Sie die Ruinenstadt täglich von 9–19 Uhr.

Entfernung von Cagliari: ca. 35 km

Nora, die erste Gründung der Punier auf Sardinien, ist die vermutlich älteste Stadt der Insel. Wahrscheinlich wurde sie bereits im 9./8. Jahrhundert v. Chr. gegründet.

Herzhafter Genuss: Den ungemein würzigen sardischen Schafkäse genießt man pur oder gerieben als »Krönung« der Pasta.

ESSEN UND TRINKEN

Su Guventeddu

In diesem Lokal bekommen Sie eine ausgezeichnete regionale Küche, wie zum Beispiel die »burrida« (ein Gericht mit Katzenhai), die Spaghetti mit »bottarga« (Fischrogen) und Zickleinbraten.

Strandstraße, Pula, Ortsteil Nora; Tel. 07 09 20 90 92; 19–23 Uhr, Di geschl.

● MASTER

Nuraghe Su Nuraxi

⟶ S. 118, C 8

8 Diese Nuraghenanlage ist die besterhaltene und interessanteste Sardiniens. Sie entstand wohl im 5. und 6. Jh. v. Chr. Um eine Bastion herum sieht man noch die Grundmauern von rund 60 Hütten. Die gesamte Anlage erstreckt sich über ca. 1000 qm. Ein sardischer Archäologe stieß Anfang der 50er-Jahre auf die ehemalige Festung. Zehn Jahre dauerten die Ausgrabungsarbeiten. Die Nuraghe liegt bei dem Dorf **Barùmini**.

Entfernung von Cagliari: ca. 85 km; über die Straße 131 bis kurz vor Sanluri

I Stagni (Strandseen)

⟶ S. 121, D 11

Sie gehören zu den bedeutendsten Feuchtgebieten Europas, die Lagunen am **Golfo degli Angeli**. Der westliche Teil ist der Stagno di Santa Gilla und mit 4000 ha der größte. Der östliche Teil mit ca. 500 ha nennt sich Stagno dei Molentargius. Hier halten sich auch Flamingos auf. Der größere westliche Teil verkommt immer mehr: Die Industrialisierung lässt die Bestände der überwinternden seltenen Vogelarten weiter zurückgehen. Schutzmaßnahmen für diese Vögel gibt es bisher leider noch nicht.

Entfernung von Cagliari: ca. 8 km

Villasimius

⟶ S. 121, E 11

Von der Straße, die sich durch die Macchia an der Küste nach Villasimius entlangschlängelt, hat man einen traumhaften Blick. Der Ort selber wurde 1812 gegründet. In der Umgebung stehen noch viele Turmreste und Befestigungsanlagen. Heute ist Villasimius einer der wichtigen Touristenorte.

Entfernung von Cagliari: ca. 60 km

Das Inselinnere

Die Einsamkeit und die zurückhaltenden Menschen haben einen ganz eigentümlichen Charme.

Das felsige, eindrucksvolle Granitmassiv des Monte Ortobene ragt im Osten der Stadt Nùoro auf. Der Berg ist ein beliebtes Ausflugsziel.

Wie ein Riese erhebt sich der dicke **Gennargentu** aus seinem Umland, den kahlen Kalkzinnen des Sopramonte im Norden und Osten, den kleinen Hügeln und Tälern der verwunschenen Bergwelt der Barbagia und den vulkanischen Tafelbergen mit den weiten Hochflächen im Süden. Eigentlich ist der Gennargentu mit seinen 1834 m nicht ungewöhnlich hoch. Aber seine manchmal fast liebliche Umgebung macht ihn zum Goliath Sardiniens.

Am Westhang des Riesen liegt ein kleines Paradies. Selbst im Hochsommer ist es hier kühl, denn die Korkeichen breiten schützend ihre Äste aus. Um die Dörfer wachsen Haselnüsse, schaffen Bienen den leicht bitteren Kastanienhonig – eine der Spezialitäten Sardiniens – heran. Kleine Obstgärten, Weinreben, Hecken und plätschernde Bäche vervollständigen die Idylle.

Barbagia heißt die Gegend im Inneren der Insel. Land der Barbaren nannten es die Römer. Wahrscheinlich, weil es ihnen nie richtig gelungen war, es zu erobern. Die Hirten unterwarfen sich keinem der Eroberer, auch nicht den folgenden Herrschern. Durch die Jahrhunderte blieben sie Sarden. Stolze Sarden. Selbst dem Christentum wandten sie sich erst 500 Jahre später zu als der Rest der Inselbewohner.

Hier, in dieser abgeschiedenen Gegend, entstanden auch die »murales«, die Bilder an den Hauswänden. Die Gemälde erzählen die Geschichte der Hirten, ihre Abneigung gegen die Gesetze, die sich nur für die Landbesitzer einsetzten. In den Bildern wurde der Zorn auf den Staat deutlich. Denn: In den Dörfern herrschte häufig Hunger und vor allem Analphabetismus. Später wurden neben tagespolitischen Themen auch internationale Probleme festgehalten. Jetzt sind die künstlerischen Aspekte vorrangig. Häufig sieht man Gemälde, die denen Mirós ähneln.

Der Barbagia mit ihren einsamen Bergen und stillen Tälern fehlt manchmal die mediterrane Heiterkeit. Die Menschen sind zurückhaltend, vielleicht sogar ein bisschen finster. Aber es sind liebenswerte Menschen. Liebenswert wie die Landschaft. Für Urlauber, die gern wandern, ist die Barbagia – das grüne Herz Sardiniens – ein Paradies! Man wandert und klettert durch unberührte Natur, sieht Raubvögel, Mufflons und mit Glück auch wilde Pferde. Bei klarem Wetter kann man sogar die Küstenlinie Sardiniens erkennen. Besonders interessant ist ein Aufstieg zum **Monte Tiscali** mit einem Besuch der Nuraghensiedlung, einer letzten Zufluchtsstätte der Nuragher vor den Römern. Diese versteckte Siedlung wurde vor rund 100 Jahren von Holzfällern entdeckt. Auf der Verbindungsstraße zwischen Oliena und Dorgali folgen Sie der Beschilderung »Gologone«. Am Hotel vorbei auf einer Betonstraße/Schotterpiste am Refugio links vorbei ca. 3 km bis Tiscali. Da die Wanderwege schlecht bis gar nicht beschildert sind, sollten Sie die Tour nicht ohne Führer unternehmen. Informationen bekommen Sie bei Tiscali Trekking Servici Turistici, Oliena V. P. Casu 8, Tel. 07 84/ 28 29 53, oder bei Sezione WWF Oliena-Nuoro, Via Potenza 10, Tel. 07 84/ 3 00 83.

Arbatax und die Ogliastra

⟶ S. 119, F 7

Sanfte Wellen, die an seichte Strände schwappen, kühle Brisen und ein abwechslungsreiches Hinterland – in Arbatax sind vor allem Familien mit Kindern gut aufgehoben. Stille Hochebenen und lebendige Strände – die Ogliastra bietet Touristen alles für einen abwechslungsreichen Urlaub. Nirgendwo auf Sardinien – so scheint es – ist der herbe Geruch der Macchia so schön, so intensiv wie in der Landschaft der Ogliastra, nirgendwo ist die Einsamkeit so angenehm, die Stille so erhaben. Kleine Städte und Dörfer schmiegen sich an Berghänge, hocken wie Adlerhorste hoch über den Tälern. Ziegen kriechen in die Schatten der hohen Bäume, Grillen zirpen unter den gelb blühenden Ginstern, den »adanu«.

Wege in die Einsamkeit führen durch die Landschaft **Salto di Quirra** – dort, wo nur im kleinen Tal einzelne Gehöfte stehen, die Bauern versuchen, irgendwie ihr Auskommen zu erwirtschaften. Die kleine Kirche, San Niccoló di Quirra aus dem 13. Jh., bringt den wenigen Menschen in der kahlen Berglandschaft Gott etwas näher. Nach vielen Kilometern, erst im Ort Villaputzu, beginnt wieder ein Hauch von Zivilisation.

In der Ogliastra führen aber auch Wege in den Trubel, nach **Arbatax** zum Beispiel (600 Einwohner), dem wichtigsten Zentrum der Region. Wegen seiner Papierfabrik ist er auch der interessanteste Ort für die Bewohner der Ogliastra. Viele kommen jeden Morgen aus bis zu 100 km entfernten Städten und Dörfern herbeigefahren, um in Arbatax zu arbeiten. Für Touristen ist der Ort sehenswert wegen der einmaligen roten Porphyrklippen, der schönen Lage und wegen des Hafens, von dem die Ausflugsboote starten.

Und dann bietet die Ogliastra diese wunderschönen weißen Strände rund um **Tortoli** und **Santa Maria Navarrese**. Strände mit Brandung, aber auch Buchten, in denen das Wasser flach und seicht die kleinen Felsen umspült. Und von allem nicht weit entfernt liegt der Luftkurort Lanusei. Ein kühler Ort in sanfte Hügel gebettet.

Dieser Landstrich an der Ostküste Sardiniens bietet Besuchern ideale Voraussetzungen. Er ist, gerade für Sardinien-Anfänger, der beste Standort, um die Insel in ihrer Gesamtheit zu entdecken. Von hier aus hat man ungezählte Möglichkeiten für Wanderungen, Zeiten der Entspannung an weißen Stränden oder Trubel in den Küstenorten.

Hotels/andere Unterkünfte

Hotel Victoria
Gerade renoviertes Haus, nur 3 km vom Hafen entfernt.
Via Monsignor Virgilio 72, 08048 Tortolì-Arbatax; Tel. 07 82 62 34 57, Fax 07 82 62 41 16; 60 Zimmer ●●● AmEx DINERS MASTER

La Bitta
Direkt am Meer, geschmackvolle Einrichtung und gutes Essen.
Via Porto Frailis, 08041 Arbatax; Tel. 07 82 66 70 80, Fax 07 82 66 72 28; www.arbataxhotels.it; 40 Zimmer ●●● MASTER VISA ♿

Hotel Saraceno
Eine Anlage mit Hotel und Bungalows direkt am Sandstrand. Mit Pool und großem Sportangebot, zahlreichen Läden, Restaurants und Bars.
Loc. San Gemeliano; Tel. 07 82 66 73 18, Fax 07 82 66 76 21; 80 Zimmer ●● MASTER VISA

Villa Selene
Ein angenehmes Haus in schöner Lage. Gutes sardisches Essen. 18 km von Arbatax entfernt.
Loc. Coroddis, 08045 Lanusei; Tel. 0 78 24 24 71; 71 Zimmer ●● MASTER

La Perla
Nette klimatisierte Zimmer und ein wunderbares Frühstücksbüfett. Einmal in der Woche findet im schönen Garten des Hauses ein großer Grillabend für die Gäste des Hauses statt.
Viale Europa; Tel. 07 82 66 78 00, Fax 07 82 66 78; 10 Zimmer ● MASTER

Sul Rio
Einfaches Haus im Bergdorf Jerzu. 22 km von Arbatax entfernt.
Via A. Mereu, 08042 Jerzu; Tel. 0 78 27 00 32; 16 Zimmer ● ⊠

Spaziergang

Arbatax ist sicherlich einer der schönsten Orte der Ogliastra.

Einen Spaziergang können Sie zum Beispiel entlang der Hafenpromenade unternehmen. Unterhalb der Felskuppe liegen kleine Fischerboote. Hier starten auch einige Ausflugsschiffe und Fähren nach Civitavecchia. In dem kleinen Café sitzt man schön mit Blick auf das Meer.

An der Hafenpromenade steht auch ein Wachturm mit der typischen Kegelstumpfform. Man schätzt ihn auf Anfang des 16. Jh. Den schönsten Blick entlang der Küste haben Sie vom Capo Bellavista. Berühmt wurde die zerklüftete Steilküste aus Porphyr wegen ihrer roten Farbe.

Dauer: 30 Min.

Essen und Trinken

Villa Selene

Hervorragende, echte sardische Küche. Etwas außerhalb von Lanusei, 18 km von Arbatax entfernt.

Loc. Corrodis, 08045 Lanusei; Tel. 0 78 24 24 71; 18–24 Uhr ●●● AmEx MASTER VISA

Del Corso

Sehr gute Küche der Region Ogliastra mit empfehlenswerten typischen Fischgerichten. 18 km von Arbatax entfernt.

Via Roma 31, Lanusei; Tel. 0 78 24 21 70; 19–22 Uhr ●● MASTER

L'Isolotto

Auf Fisch und typisch sardische Küche spezialisiertes Restaurant. 10 km von Arbatax entfernt.

Via Dante, Lotzorai; Tel. 07 82 66 94 31; ab 19 Uhr, Mo und im Jan. geschl. ●● MASTER VISA

Passo di Silana

Gutes Essen mit schönem Blick aus 1050 m Höhe. 35 km von Arbatax entfernt.

Strada Orientale Sarda, km 183, Urzulei; Tel. 0 78 49 51 20; ca. 19–22 Uhr ●●

Service

Auskunft

Conosorzio Operatori Turistici dell'Ogliastra

Via Virgilio 150, Tortoli; Tel. 07 82 62 26 12

Die berühmten roten Porphyrklippen beim Hafen von Arbatax.

Sport
Bootsausflüge, Wasserski
Velamare; Tel. 0 33 86 35 88 14

Fahrradverleih
Durchgangsstraße in Richtung Arbatax Nr. 102, Tortoli

Reiten
Die Gegend bietet sich für wunderschöne Ausritte an. Reitzentren sind:
Centro Equitazione Arbatax
Arbatax; Tel. 07 82 66 71 76

Su Gologone
Oliena; Tel. 07 84 28 75 12

Segel- und Motorboote
Ausgangspunkt eines Bootsausflugs könnte Santa Maria Navarrese sein: Direkt am Strand – rechts vom spanischen Turm – zwischen den beiden Strandbars können Sie sich Segel- und Motorboote leihen.

Verkehrsmittel
Bus
ARST-Busse in die Umgebung starten in Tortoli ca. 200 m von der Hauptkreuzung auf der Straße in Richtung Lanusei. Fernbusse fahren auch nach Nùoro, Olbia und Cagliari.

Schiff
Im Hafen von Arbatax bestehen einmal wöchentlich Fährverbindungen mit der Tirennia nach Civitavecchia. Zweimal wöchentlich fahren Fähren nach Olbia und Genua.

Zug
Der Bahnhof in Tortoli ist an der gleichen Stelle wie der Busbahnhof. Die Strecke ab Tortoli zur Stazione di Arzana ist wegen der schönen landschaftlichen Abschnitte zu empfehlen. Arbatax ist Endstation der SFS-Schmalspurbahn. Bis nach Cagliari fahren Sie rund acht Stunden. Die Fahrt geht über Tortoli, Lanusei, Seni, Mandas nach Cagliari. Früh aufstehen: Die Bahnen starten um 7 Uhr!

Ziele in der Umgebung

Bari Sardo

→ S. 119, F 8

In diesem Ort gibt's sardisches Leben pur. Hier sieht man sie noch, die alten Männer, die an den Straßen und auf Plätzen sitzen. Viele ältere Frauen tragen die traditionelle Alltagstracht: meistens einen Faltenrock, eine weiße Spitzenbluse und eine schwarze Haube in Form eines Kopftuches. Obst und Gemüse, das aus eigenem Anbau kommt, wird in den Hauseingängen verkauft. Schöne alte Gassen verteilen sich rund um die Kirche aus dem 17. Jh.

Von Bari Sardo aus gelangt man schnell zum Torre di Bari, einem Sarazenenturm, der kilometerlange, sehr schöne Strände bewacht.
Entfernung von Arbatax: ca. 20 km

HOTELS/ANDERE UNTERKÜNFTE
La Torre Due
Gut geführtes Haus in schöner Lage.
Via Mare, 08042 Bari Sardo;
Tel. 0 78 22 80 30; 45 Zimmer ●●●
MASTER VISA

Baunei

→ S. 119, F 7

Ein kleiner Ort, der malerisch am Hang eines Kalksteinmassivs zu kleben scheint. Von hier aus hat man einen wunderbaren Blick über die Ostküste. Das ehemalige Hirtendorf hat einen noch vollkommen intakten Ortskern. Die Kirche **San Nicola di Bari** beeindruckt durch ihr schönes Gewölbe. Im Inneren ist das Gemälde von Andrea Lusso, der von 1593 bis 1614 auf der Insel wirkte, sehenswert. Es zeigt die »Beschneidung Jesu«.
Entfernung von Arbatax: ca. 18 km

HOTELS/ANDERE UNTERKÜNFTE
Stella del Mare
Ein kleines Mittelklassehaus, das alles bietet, was man braucht.

Via Lungomare, 08045 Baunei;
Tel. 07 82 61 53 70; 20 Zimmer ●● MASTER

Dorgali

S. 119, F 6

Das Hirten- und Bauerndorf Dorgali versteckt sich hinter hohen Bergen. Berühmt ist das Dorf wegen seiner handwerklichen Tradition, zum Beispiel Goldfiligranschmuck, Trachten, Leder, und wegen seiner Weine. Noch heute lebt ein Großteil der Bevölkerung vom traditionellen Kunsthandwerk. An der Küste bei Dorgali gibt es sehr schöne Strände, die allerdings in der Hochsaison ziemlich überlaufen sind.

In der Nähe liegen das Nuraghendorf Serra Orrios, der wunderschöne Stausee Lago del Cedrino und mehrere Karsthöhlen, etwa die Grotta di Ispinigoli und die Cala Gonone. Von dort fahren die Schiffe zu schönen Buchten wie die Cala Luna sowie zur Grotta del Bue Marino.

Entfernung von Arbatax: ca. 65 km

MUSEEN

Museo Civico Archeologico

Das einzige Museum weit und breit beinhaltet eine recht umfangreiche Sammlung von nuraghischen Fundstücken aus der Region.

Via Lamarmora; tgl. außer Mo 10–13 und 16–19 Uhr; Eintritt 2 €

ESSEN UND TRINKEN

Monteviori

Etwa 6 km südlich von Dorgali gelegen, mit schönem Ausblick auf den Sopramonte. Spezialisiert auf die Küche des Inselinneren, Weine aus eigener Produktion. Der Restaurantbesitzer organisiert im Sommer Trekkingtouren in die Umgebung!

Tel. 0 78 49 62 93; Mai–Sept. ab 12 Uhr
●●

Foxi Manna

S. 119, F 8

Die herrlich einsamen Strände liegen bei Tertenia. Hinter diesem Ort gelangen Sie über eine kleine Bergstraße hinunter ans Meer.

Entfernung von Arbatax: ca. 45 km

Gairo

S. 119, E 8

Der inzwischen verlassene Ort – ein Erdrutsch machte die Häuser Anfang der 50er-Jahre unbewohnbar – vermittelt einen ganz guten Eindruck, wie die Dörfer früher ausgesehen haben mögen. Auf den meisten Straßen im Ort kann man heute noch schön spazierengehen.

Entfernung von Arbatax: 30 km

Flucht vor der Hitze: Im Juli und August, wenn die Temperaturen auf Spitzenwerte über 35 Grad klettern, ziehen sich Menschen und Tiere in den kühlenden Schatten zurück .

Grotta del Bue Marino

S. 119, F 6

In die 5 km lange Grotte, von der Sie 900 m besichtigen können, gelangen Sie nur per Schiff ab **Cala Gonone.** In der Tropfsteinhöhle erleben Sie wunderschöne Farbenspiele.

Entfernung von Arbatax: ca. 60 km; Juli und Aug. stündlich, Mai, Juni und Sept. tgl. 15 Uhr; Bootsfahrt und Eintritt 16 €

Grotta de Su Marmori

S. 119, E 8

In der Nähe von **Ulássai** – der Weg ist ausgeschildert – liegt die beeindruckendste Grotte der Region, die eine der größten von ganz Sardinien ist. Die Tropfsteine sind zum Teil bis zu 12 m hoch. Ziehen Sie sich warm an, denn in der Höhle ist es nur rund 10° C warm!

Entfernung von Arbatax: 45 km; zwischen Mai und Sept. geöffnet; Besichtigung nur mit Führung April–Okt. tägl. 11, 14.30 und 17 Uhr; Eintritt 4 €

Lotzorai

S. 119, F 7

Der kleine, ca. 10 km von Arbatax entfernte Ort entstand vermutlich im Mittelalter. Am südlichen Ende Lotzorais liegt auf einem Hügel die Ruine des **Castello della Medusa.** Die Burg ließen die Richter von Cagliari im 13. Jh. erbauen. Heute erlebt Lotzorai einen Aufschwung durch den Tourismus.

Entfernung von Arbatax: 10 km

Pedra Longa

S. 119, F 7

Nördlich von **Santa Maria Navarrese:** ein wunderschöner Ort, ideal für einen Badeausflug. Auf der Hauptstraße nach Baunei zweigt nach einer Weile rechts eine Stichstraße ab. Folgen Sie dem Schild »Bar/Ristorante Pedra Longa«. Die Straße führt hinab zu einem schroffen Felsen. Über eine Treppe gelangt man nach unten.

Entfernung von Arbatax: 20 km

Salto di Quirra

S. 121, E 10

Eine einsame Berglandschaft, die hinter Tertenia beginnt. Hier werden Sie kaum Menschen treffen, außer vielleicht ein paar Bauern, die in der Ortschaft Quirra leben. Kurz vor dem Ort steht die kleine romanische Kirche Chiesa San Nicoló, die einzige Backsteinkirche Sardiniens. Von hier aus sind auf einem Hügel die Reste der ehemaligen Grenzfestung Castello di Quirra zu sehen.

Entfernung von Arbatax: ca. 70 km

Santa Maria Navarrese

S. 119, F 7

Nördlich von Arbatax liegt dieser zweite für den Tourismus sehr wichtige Ort. Das Meer ist herrlich klar, zwischen den Klippen finden Sie schöne Badebuchten mit Sand und Kies. Drei dieser Buchten – **Cala Luna, Cala Mariolu** und **Cala Sisine** – sind nur vom Meer aus zu erreichen.

Santa Maria Navarrese ist einer der wenigen Ferienorte, die langsam gewachsen sind. Das Dorf hat sich um eine Kirche herum entwickelt, die angeblich schon im 11. Jh. von einer Tochter des Königs von Navarra gebaut wurde. Sehenswert sind die drei Kirchenschiffe mit einer Dachstuhlkonstruktion aus Holz und die schlichte Fassade mit dem kleinen Glockenturm. Neben der Kirche steht ein riesiger Ölbaum, der über 1000 Jahre alt sein soll. Der gut erhaltene spanische Wachturm im Dorf wurde im 17. Jh. von den Spaniern gebaut, um sie vor den Sarazenen zu beschützen.

Entfernung von Arbatax: 20 km

HOTELS/ANDERE UNTERKÜNFTE

Santa Maria

Wer's lebhaft mag, ist hier ganz richtig. Schöner Strand.

Via Plammas, 08040 Santa Maria Navarrese; Tel. 07 82 61 53 15; 32 Zimmer ●● MASTER

ESSEN UND TRINKEN

Tancau

Hervorragende Pizza! Dazu sehr netter Service auf einer Terrasse mit Blick aufs Meer.

Tel. 07 82 61 53 58; 18–23 Uhr ●

Su Golgo

→ S. 119, F 7

Etwa 10 km nördlich von Baunei finden Sie die wunderschöne Hochebene »Su Golgo«, die mit dem Auto oder Motorrad nur über eine Schotterpiste zu erreichen ist. Besonders faszinierend ist das 295 m tiefe Karstloch **S'Isterru**. Wenn Sie der Straße weiter folgen, kommen Sie zu der im 18. Jh. errichteten Wallfahrtskirche **San Pietro**, in der jährlich am 29. Juni ein buntes Fest stattfindet.

Entfernung von Arbatax: ca. 30 km

Tortoli

→ S. 119, F 7

Die Gigantengräber **Domus de Jamas** und einige Nuraghen zeigen, dass die Gegend um Tortoli schon zu prähistorischer Zeit besiedelt war. Tortoli hat eine nette Einkaufsstraße mit Boutiquen und Lebensmittelläden. Außerdem eine schöne begrünte Piazzetta.

Nordöstlich von Tortoli liegt das zweitgrößte Haff der sardischen Ostküste, der Stagno di Tortoli. Die fruchtbare Ebene ist ein wichtiger Rastplatz für Zugvögel.

Entfernung von Arbatax: 5 km

ESSEN UND TRINKEN

Da Lenin

Gute Fischgerichte, die Sie draußen auf einer gemütlichen Terrasse genießen können.

Via San Gemiliano 19; Tel. 07 82 62 44 22; 19–22 Uhr ●● MASTER VISA

EINKAUFEN

Cantina Sociale Ogliastra

Sehr guter Wein aus der Region.

Via Baccassa 36; Tel. 0 78 26 32 28; Öffnungszeiten ändern sich häufig

Breite, weiße Sandstrände wie die Spiaggi di Orri nahe Tortoli verlocken zum Schwimmen und Sonnenbaden.

Nùoro

→ S. 119, E 6

35 000 Einwohner
Stadtplan → S. 77

Eine Stadt voller Melancholie, Geschichte und Künstlern – aber dennoch eine Stadt, die nicht wirklich schön ist, nicht durch imposante Bauwerke fasziniert. Nùoro ist in seiner Seele ein Dorf geblieben. Die Häuser der heutigen Stadt erzählen wenig über ihre Geschichte. Dafür die Menschen umso mehr. In der Provinzhauptstadt zu Füßen des Monte Ortobene (955 m) herrscht nicht hektische mediterrane Betriebsamkeit, sondern eine eher melancholische Stimmung. Es sind die Berge, die die Menschen in Nùoro im Herzen der Barbagia schwermütig stimmen. Der Charakter des einstigen Hirtendorfes ist erhalten geblieben. In den Seitenstraßen der Altstadt ist die Atmosphäre einer sardischen Kleinstadt zu spüren: Verwinkelte Gassen und fast ländlich wirkende Häuser mit kleinen Höfen und Gärten vermitteln fast so etwas wie bäuerliche Romantik. Auch wenn aus dem kleinen Ort inzwischen eine Stadt geworden ist, um die Hochhaussiedlungen hochgezogen wurden und sich Gewerbegebiete wie ein Gürtel um sie legen.

1779, als der Bischof seine pisanische Kathedrale in Ottana im Stich ließ – er floh vor der Malaria – und nach Nùoro kam, um sich dort niederzulassen, wuchs das Hirtendorf zu einer ländlichen Kleinstadt. Als Nùoro dann 1836 die Stadtrechte erhielt, baute man die Kathedrale Santa Maria della Neve und Bürgerhäuser für die Wohlhabenden. 1926 kamen noch die monumentale Post und das Rathaus hinzu.

Architektonische Höhepunkte gibt es in Nùoro bis heute nicht. Den Reiz dieser Stadt machen vielmehr die bunt gemischten Bauwerke, die verschiedenen Stile und – vor allem – die Menschen aus. Nùoro brachte die meisten Künstler Sardiniens hervor, darunter auch die Literatur-Nobelpreisträgerin Grazia Deledda. Ihr Geburtshaus im ältesten Viertel der Stadt wurde inzwischen restauriert. Besonders interessant ist die Küche: Sie wurde nach Grazia Deleddas Beschreibungen originalgetreu wieder eingerichtet und enthält auch die aus der Zeit stammenden Küchengeräte.

Die ältesten Viertel Nùoros reihen sich um die Kirchen San Pietro, San Salvatore und San Satuario delle Grazie. Früher waren die jeweiligen Stadtteile streng voneinander getrennt. So wie ihre Bewohner: Bauern und Hirten. In den 50er- und 60er-Jahren leiteten die Carabinieri von Nùoro aus die Jagd auf die Banditen. Diese hatten sich in den sehr schwer zugänglichen Gebieten des Gennargentu-Gebirges und des Supramonte verschanzt.

Nùoro ist sehenswert. Sehenswert für die Menschen, die auch mal auf beeindruckende Architektur verzichten können, sich an Stimmungen, Landschaften und auch ein bisschen an der Melancholie erfreuen wollen.

An diese Stadt muss man sich vielleicht erst ein bisschen gewöhnen, bevor man sie ins Herz schließt. Auch an die Menschen, die hier noch ein wenig verschlossener sind als überall sonst auf der Insel.

Hotels/andere Unterkünfte

Grazia Deledda → S. 77, a 2

Gute Qualität, zentrale Lage. Die Atmosphäre ist extrem gediegen.

Via La Marmora; Tel. 0 78 43 12 57;
73 Zimmer ●●● DINERS MASTER VISA

Grillo → S. 77, c 3

Bescheiden, aber sauber und freundlich. Das Restaurant bietet sardische Spezialitäten. Man kann hier auch in einfachen, funktionell ausgestatteten Zimmern übernachten.

Via Monsignor Melas; Tel. 0 78 43 86 78;
46 Zimmer ●● MASTER VISA

Spaziergang

Die schönsten und lebhaftesten Straßen Nùoros sind sicherlich die **Via La Marmora** und der **Corso Garibaldi**. In der Mitte werden die Straßen durch die **Piazza delle Grazie** miteinander verbunden. Hier finden Sie Gebäude der verschiedensten Baustile, aber auch schöne Lebensmittelläden und Konditoreien. Hier und da kann man sich in einem Café oder einer Bar niederlassen. Auf der Piazza delle Grazie steht eine der neueren Kirchen des Ortes, die **Chiesa delle Grazie**. Sie hat eine Front aus bunten Mosaikflächen, die einem schweren gusseisernen Portal den Rahmen geben. Der granitgepflasterte Corso Garibal-

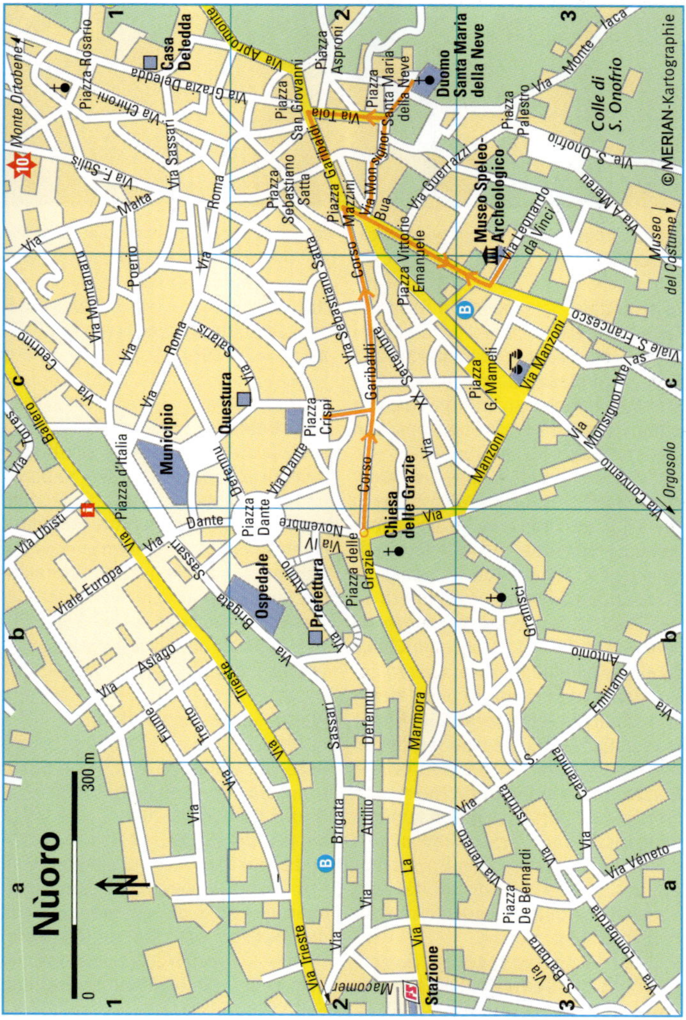

Die sardischen Trachten werden nur noch zu den großen Folklore-Festen aus dem Schrank geholt.

di steigt hier ganz sanft in Richtung Osten an. Nach etwa 100 m sollten Sie einen kleinen Schlenker nach links zur **Piazza Crispi** machen. Dort steht die Hauptpost, untergebracht in einem Gebäude mit Löwenmasken unterhalb des Turmes.

Zurück auf dem Corso erreicht man über die Piazza Mazzini nach etwa 150 m die **Piazza Vittorio Emanuele**, einen der wichtigsten Treffpunkte für die abendliche »passeggiata«, den Spaziergang. Unterhalb der Piazza, in der **Via Leonardo da Vinci**, liegt links das Museum **Civico Speleo-Archeologico**. Am oberen Ende der Piazza beginnt das kleine Gässchen **Via Monsignor Bua**. Hinter dieser Gasse und einem Torbogen eröffnet sich der Blick auf die weite **Piazza Santa Maria della Neve**. Eine Freitreppe führt zur gleichnamigen klassizistischen Kirche. Schlicht und schön gearbeitet ist das Bronzeportal, das erst 1979 dazukam. Es zeigt Szenen aus dem bäuerlichen Leben und christliche Motive.

Auf der schräg gegenüberliegenden Seite des Doms führt eine Straße auf die **Piazza San Giovanni** und zurück zum Ausgangspunkt des Spaziergangs, dem Corso Garibaldi.

Dauer: ca. 50 Min.

Sehenswertes

Casa Deledda → S. 77, d 1

In diesem Haus wurde die Schriftstellerin Grazia Deledda 1875 geboren und verbrachte hier die ersten 30 Jahre ihres Lebens. Das Haus vermittelt einen Eindruck vom Leben einer wohlhabenden Familie um die vorletzte Jahrhundertwende.

Via Grazia Deledda 28; tgl. 9–13 und 15–17 Uhr, Mo und So nachmittags geschl.; Eintritt 2,50 €

Piazza Sebastiano Satta → S. 77, d 2

Der Platz wurde zu Ehren von Sebastiano Satta, einem Zeitgenossen der Grazia Deledda, benannt. Die leicht abfallende Piazza mit ihren weißen und pastellfarbenen Häusern ist wohl eine der schönsten der Stadt. Sehenswert sind die Granitfelsen aus der Gegend des **Monte Ortobene**. Bronzeskulpturen zeigen Szenen aus dem Leben des Lyrikers Sebastiano Satta (1867–1914).

MUSEEN

Museo del Costume

→ S. 77, südl. d 3

In diesem Museum können Sie Trachten und Kunsthandwerk aus der Provinz Nùoro bewundern. Möbel, antike Haushaltsgegenstände, alte Fotos. Ein Muss für alle, die sich für sardische Kultur interessieren.

Via Mereu 56; Di–Fr 9–13 und 15–19 Uhr; Eintritt 1,50 €

Museo Speleo-Archeologico

→ S. 77, c 3/d 3

Prähistorische Funde aus den Höhlen des Sopramonte. Die Ausstellung geht auf eine Initiative mehrerer Umwelt- und Höhlenforschergruppen zurück und gilt auch als Kontaktadresse für Geologen und Wanderer. Da jedoch die Geldknappheit wie ein Damoklesschwert über dem Museum schwebt, wird es zwischendurch immer wieder mal geschlossen.

Via Leonardo da Vinci 5; keine festen Öffnungszeiten; Eintritt 2 €

ESSEN UND TRINKEN

Canne al Vento → S. 77, westl. a 2

Die besten Vorspeisen der Stadt und sehr schmackhafte Pasta zu angemessenen Preisen. Küche der Barbagia-Region.

Viale Repubblica 66; Tel. 0 78 43 56 41; ab 19 Uhr, So geschl. ●● MASTER

Fratelli Sacchi → S. 119, E 6

8 km östlich von Nùoro auf dem Monte Ortobene liegt dieses Restaurant. Von hier aus hat man einen atemberaubenden Blick und genießt traditionelle Hirtenküche mit viel Fleisch vom Grill.

Monte Ortobene; Tel. 0 78 43 12 00; ab 19–22 Uhr ●●

EINKAUFEN

Casa del Dolce → S. 77, c 2

Reichhaltige Auswahl an sardischen Süßwaren.

Corso Garibaldi 105

I.S.O.L.A. → S. 77, d 2

Goldfiligranschmuck, bestickte Seidenschals, Teppiche aus der Barbagia, Lederarbeiten. Hier gibt es auch Handarbeit mit modernem Design (→ MERIAN-Tipp, S. 21).

Via Monsignor Bua 10

Markthalle → S. 77, c 3

Hier kauft man herrliche Fladenbrote. Außerdem gibt es Honig und die typischen »dolci sardi«, die sardischen Süßigkeiten.

Piazza G. Mameli; nur wochentags 9–13 Uhr

AM ABEND

Der abendliche Spaziergang findet auf dem **Corso Garibaldi** und der **Piazza Vittorio Emanuele** statt.

Bar Nuovo → S. 77, d 2

Ein Café, das seit vielen Jahren immer Treffpunkt Nummer 1 ist – für die Jugend und die Älteren.

Corso Garibaldi/Piazza Mazzini

SERVICE

Auskunft

EPT → S. 77, b 1

Piazza d'Italia 19; Tel. 0 78 43 23 07; tgl. 10–12 Uhr

Krankenhaus

Ospedale S. Francesco → S. 77, b 2

Via Brigata Sassari; Tel. 0 78 43 63 02

Verkehrsmittel

Bus → S. 77, a 2 und c 3

Der ARST-Bahnhof liegt unterhalb der Piazza Vittorio Emanuele. ARST-Busse fahren nach Cagliari, Macomer und Olbia. Die Fernbusse der PANI-Gesellschaft starten von der Via Brigata Sassari 15 nach Sassari.

Zug → S. 77, a 2

Der FCS-Bahnhof ist an der Via La Marmora. Von Macomer besteht Anschluss nach Norden (Olbia, Sassari) und nach Cagliari.

Ziele in der Umgebung

Fonni

S. 119, D 7

Der Ort mit seinen vielen Neubauten, die sich unter die alten Natursteinhäuser gemischt haben, ist der höchst gelegene der Insel – nämlich 1000 m ü. d. M. Von hier aus können Sie wunderschöne Touren durch die Barbagia unternehmen.

Entfernung von Nùoro: ca. 30 km

Monte Ortobene

S. 119, E 6

Eine wunderschöne, aber kurvenreiche Straße führt auf den 955 m hohen Monte Ortobene. Überall tun sich herrliche Picknickplätze unter Bäumen und im Schatten der vielen Granitbastionen auf. Auf dem Berg steht eine bronzene Christusstatue. Von hier oben haben Sie einen herrlichen Blick auf **Nùoro**, den **Supramonte** und den **Gennargentu**.

Entfernung von Nùoro: ca. 10 km

Orgósolo

S. 119, E 6

Auf den ersten Blick sieht Orgósolo wie ein ganz normales Dorf aus. Doch dieser Eindruck täuscht: Mittlerweile ist es das berühmteste Dorf Sardiniens. Seine Berühmtheit verdankt Orgósolo den unzähligen »murales«, politischen Malereien an den Hauswänden. Es ist das Dorf der Blutrache und der Rebellion gegen den italienischen Staat. Als das Hochtal 1967 Militärbasis werden sollte, besetzte die Bevölkerung die Weiden, sah sich Truppen von Militär und Polizei gegenüber. Sardinien solidarisierte sich mit den sardischen Bauern, die gewaltlos Widerstand leisteten. Die »murales« waren ursprünglich Ausdrucksform dieses Widerstandes, später wurden auch immer wieder andere politische sowie künstlerische Themen festgehalten.

Orgósolo ist auch als Ausgangspunkt für Wanderungen im Gennargentu und Supramonte hervorragend geeignet.

Entfernung von Nùoro: ca. 25 km

Essen und Trinken

Ai Monti del Gennargentu

Ca. 5 km von Orgósolo entfernt, stößt man auf ein weißes Haus in einem Eichenhain, das Restaurant Ai Monti del Gennargentu. Spezialitäten sind Spießbraten und der Rotwein von Orgósolo.

Straße in Richtung Funtana Bona;
Tel. 07 84 40 23 74; 19–23 Uhr ●● MASTER

Die drastisch-plakativen Wandmalereien von Orgósolo wirken auf Reisende äußerst anziehend. Die Dorfbewohner leben seit langem mit der Neugier der Besucher.

Warmer Sand und seichtes Wasser machen den Strand beim Capo Comino – nordöstlich von Orosei – zu einem idealen Familienbadeplatz.

Orosei

S. 119, F 6

Kleines landwirtschaftliches Zentrum mit schönen Barockbauten im Ortskern. Bei Orosei gibt es einige wunderschöne Strände, zum Beispiel die **Cala Liberotto** und die **Cala Ginepro**.

Entfernung von Nùoro: ca. 40 km

Hotels/andere Unterkünfte

Su Gologone

→ MERIAN-Tipp, S. 13

Posada

S. 117, F 4

Direkt auf einem Burgfelsen gelegenes Dorf. Posada zu Füßen liegen die weite Küstenlandschaft und der Rio Posada. Früher war die Gegend sumpfig und extrem malariaverseucht. Sie wurde jedoch urbar gemacht und mit Bewässerungsanlagen versehen, die dem Anbau von Obst und Gemüse zugute kommen. Die Ruine der Burg, des **Castello della Fava**, können Sie besichtigen. Sie wurde im 12. Jh. erbaut und spielte eine wichtige Rolle in der Geschichte des Ortes. Von hier oben genießt man einen traumhaften Blick aufs Meer.

Entfernung von Nùoro: ca. 45 km

Sarule

S. 119, D 6

Das kleine Dorf ist berühmt für seine Teppiche. Die uralte Tradition der Handweberei hat sich hier bis heute erhalten. In vielen Häusern stehen die riesigen Webstühle, an denen bis zu vier Frauen gleichzeitig an einem Teppich arbeiten. Die Teppiche werden meistens aus reiner Schafwolle hergestellt und von uralten, überlieferten Mustern geziert, deren dezente Farben und fast strenge Formen charakteristisch sind: Sonnen, Sterne, Bäume, stilisierte Tiere ... Im Ort gibt es auch ein Ausstellungs- und Arbeitsgebäude der I.S.O.L.A., das u. a. großflächige Teppiche zeigt. Es ist durchaus interessant, dort den Weberinnen für einen Augenblick bei der Arbeit zuzuschauen. Wenn Sie einen Teppich kaufen wollen, dann ist es hier sinnvoller und ein bisschen preiswerter als in den großen I.S.O.L.A.-Geschäften auf der Insel.

Entfernung von Nùoro: ca. 25 km

Routen und Touren

Wenn man auf Sardinien unterwegs ist, entdeckt man vielerorts steinzeitliche Nuraghen – im Bild die Nuraghe Orolo bei Macomer.

Ob Entspannung pur, herrliche Naturerlebnisse oder Trubel für die ganze Familie – Sardinien bietet viel für einen rundherum gelungenen Urlaub. Sie brauchen nur loszufahren.

Von der tosenden Hauptstadt in die Stille – Farbsymphonien an den schönsten Stränden der Insel

Charakteristik: Eine Autofahrt von Cagliari aus entlang der schönsten Strände im Süden; **Länge:** ca. 130 km; **Dauer:** 2 Tage oder länger; **Einkehrmöglichkeiten:** z. B. Hotel Il Gabbiano, Loc. Chia/Is Tramazzeddus. Hotel mit kleiner Bar und Restaurant; **Auskunft:** EPT, Piazza Deffenu 9, 09100 Cagliari. Kostenloses Info-Tel. 8 00 20; **Karte:** → S. 120/121

Diese Rundfahrt kann man entweder in zwei Tagen oder auch in einer Woche unternehmen – vielleicht möchten Sie ja in einem der schönen Strandbäder länger verweilen? Oder anschauen, wie Olivenöl oder Mirto gewonnen wird?

Cagliari → Costa del Sud

1. Tag: Start in Richtung **Pula.** Abstecher zur Nuraghe Sa Domu S'Orcu. Besichtigung der Ausgrabungsstätte von **Nora** an der Spitze des Capo di Pula. Wer Lust hat, kann dem Museum in Pula (tgl. 9–13 und 15–19 Uhr) einen Besuch abstatten. Weiterfahrt nach **Chia** und zur kleinen Landzunge mit der Torre di Chia. Hier befinden sich – zum Teil von Sand bedeckt – die Reste der Stadt Bithia. Sie war vermutlich vom 8. Jh. v. Chr. bis in die römische Kaiserzeit bewohnt. Gönnen Sie sich eine Pause oder auch ein Abendessen mit typischen sardischen Spezialitäten – v. a. Fleisch- und Fischgerichte – im herrlich gelegenen Restaurant »Crar'e luna« an der Viale Chia, Loc. Spartivento; Tel. 0 70/9 23 00 56. Den kinderfreundlichen und netten Service können Sie im Garten zwischen blühenden Rosen und Kakteen oder im Restaurant genießen. Nach dem Essen kann man einen kurzen Spaziergang zum Strand machen.

Traumhafte Dünenlandschaft am Strand von Porto Pino.

Costa del Sud → Cagliari

2. Tag: Fahrt entlang der Costa del Sud mit wunderschönen Aussichtspunkten. Capo Teulada kann nur umfahren werden, da es militärisches Sperrgebiet ist. Weiter nach **Porto Pino**, dem Ort, dem die Aleppo-Kiefer den Namen gab. Weiterfahrt nach **Porto Botte** am Golfo di Palmas mit traumhaften langen Sandstränden und der größten Lagune (Stagno di Botte), in der gefischt wird. Über Giba geht es nach **Santadi.** Besichtigung der Chiesa della Madonna delle Grazie aus dem 16. Jh. und der Santa Maria di Monte Flacco, einem typischen, schlichten Sakralbau. Rückfahrt nach **Cagliari.**

Rundfahrt durch den Südosten der Insel – Unterwegs in die sardische Vergangenheit

Charakteristik: Von Cagliari geht es, vorbei an kulturhistorischen Sehenswürdigkeiten, zu den Stränden im Südosten – eine schöne Mischung aus Erlebnis und Erholung; **Länge:** ca. 370 km; **Dauer:** 2 Tage; **Einkehrmöglichkeiten:** L'Aragosta da Max, Via C. Colombo, Costa Rei; **Auskunft:** EPT, Piazza Deffenu 9, 09100 Cagliari. Kostenloses Info-Tel. 8 00 20; **Karte:** → S. 120/121

Cagliari → Villasimius

1. Tag: Von **Cagliari** aus geht es auf der SS 131 nach Norden in die schöne Landschaft des Campidano. Im Bauerndorf **Villasanta** fährt man auf die SS 197. Entlang des Flussbettes des Riu Mannu gelangen Sie nach **Barùmini.** An der Straße nach Tuili 8 sollten Sie das Nuraghendorf **Su Nuraxi** besichtigen. Die mächtigen Reste des ehemals 20 m hohen Hauptturms und der viertürmigen Bastion sind gut erhalten. Die rekonstruierten Hütten geben einen Einblick in das Alltagsleben der Nuragher. Weiterfahrt über Gergei nach **Serri.** Besichtigung der Pfarrkirche San Basilio mit drei Holzaltären aus dem 17. Jh. Weiter über Nurri, Orroli nach **Ballao.** Die Straße läuft jetzt fast parallel zum Fluss Flumendosa nach Muravera. Auf der Orientale Sarda (SS 125) entlang des Strandsees Stagno delle Saline. Bei San Priamo geht es rechts ab in die kahle Landschaft des Sárrabus bis nach **Villasimius.**

Villasimius → Cagliari

2. Tag: Ausflug an die **Costa Rei** mit ihren wunderschönen Sandstränden. Diesen Küstenabschnitt sollten Sie unbedingt nutzen, um einige Badestopps zu machen. Hier gibt es traumhafte Stellen, an denen man baden und einen Cappuccino trinken kann. Die Rückfahrt über die Küstenstraße nach **Cagliari** sollten Sie möglichst auf den späten Nachmittag oder frühen Abend legen. Dieser Küstenabschnitt mit seinen vielen kleinen Badebuchten ist im Sonnenuntergang am schönsten.

Sardinien ist bis heute weitgehend Bauernland geblieben. Insofern ist es nicht ungewöhnlich, wenn Ihnen mitten auf der Straße frei laufende Schafe begegnen.

Mit dem Auto auf die Insel Sant'Antioco – Panoramen und die schönsten Sonnenuntergänge der Insel

Charakteristik: Romantische Autofahrt; **Länge:** ca. 170 km; **Dauer:** Tagesausflug; **Einkehrmöglichkeiten:** Il Cantuccio, Viale Trento 16, Sant'Antioco; **Auskunft:** EPT, Piazza Deffenu 9, 09100 Cagliari. Kostenloses Info-Tel. 8 00 20 oder Pro Loco, Piazza Repubblica 31 a, 09017 Sant'Antioco, Tel. 0 78 18 20 31; **Karte:** → S. 120/121

Wer sich am Abend noch den Sonnenuntergang auf dem Archipel südwestlich von Cagliari gönnt, wird unweigerlich ins Schwärmen geraten ...

Fahrt von Cagliari auf der SS 130 nach **Iglesias**. Besichtigung der Piazza Municipio, des Palazzo Comunale und der Kathedrale Santa Chiara aus dem 13. Jh. mit ihrer romantisch-gotischen Fassade. Weiterfahrt auf der SS 126 nach **Carbonia**. Besichtigung der phönizisch-punischen Festung auf dem Monte Sirai, 4 km nordwestlich von Carbonia. Mussolini erbaute diese Bergbaustadt, um die Braunkohle-Produktion des Landes zu steigern. Heute ist die Landschaft – wie so häufig in Gebieten, in denen Kohle abgebaut wird – nicht mehr sehr schön anzusehen.

Von Carbonia über den – wahrscheinlich von den Karthagern angelegten – Damm auf die Insel **Sant' Antioco**. Besichtigung der Pfarrkirche von Sant'Antioco-Stadt an der Piazza Gasperi. Im Inneren der Kirche geht's hinunter in Katakomben, in denen der Schutzpatron der Insel, der afrikanische Märtyrer Antiochos, angeblich Schutz fand. Anschließend Weiterfahrt in das ehemalige Fischerdorf **Calasetta** und zum **Capo Sperone** an der Südspitze von Sant'Antioco. Die Felsen stürzen hier steil ins Meer.

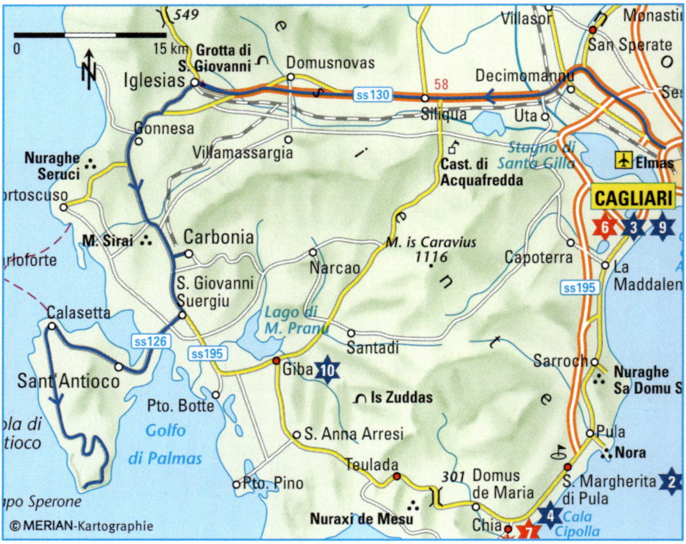

Von Cagliari nach Arbatax – Mit dem »Trenino Verde« vorbei an Tieren, grandioser Natur und Historie

Charakteristik: Gemütliche Tour mit der Bummelbahn; **Länge:** ca. 220 km; **Dauer:** ca. 8 Stunden; **Einkehrmöglichkeiten:** Sa Cortiggia, Via Bellavista 1, 08041 Arbatax; **Auskunft:** EPT, Piazza Deffenu 9, 09100 Cagliari. Kostenloses Info-Tel. 8 00 20 oder Ufficio Turistico Trenino Verde, Via Cugia 1, 09123 Cagliari, Tel. 0 70 30 14 10 oder 0 70 30 62 21; **Karte:** → S. 119/120

Es muss nicht immer das Auto sein: Diese gemütliche Bummelbahn-Tour eröffnet Ihnen grandiose Ein- und Ausblicke in Sachen Natur – Sie müssen nur Zeit mitbringen.

Die Fahrt mit der Schmalspurbahn erfordert frühes Aufstehen (im Sommer Abfahrt in Cagliari gegen 7 Uhr) und Geduld. Die Bahn schaukelt mit maximal 40 km/h durch die Landschaft. Zunächst geht es durch relativ flaches Land, bei **Mandas** taucht der Zug in die Bergwelt der **Barbagia** ein.

Da die englische Eisenbahngesellschaft vor rund 100 Jahren beim Bau dieser Schmalspurbahn nach Kilometern bezahlt wurde, schuf man unendlich viele Kurven. Sogar in den Tälern machte man nicht davor Halt, so oft wie möglich eine neue Kurve zu bauen ... Der Zug schraubt sich die Berge hoch, die Landschaft wird rauer. Orte wie zum Beispiel **Orroli** und **Nurri** sieht man nur von weitem. Fast alle Bahnhöfe liegen außerhalb der Ortschaften. Nur selten treffen Bahnschienen und Straßen aufeinander. Hinter Seui fährt der Zug durch einsamste Gebiete, die schönste Berglandschaft Sardiniens.

Erst bei **Lanusei** – schon auf der Ostseite der Berge – ist wieder so etwas wie Zivilisation zu entdecken. Langsam geht's durch fruchtbare Landschaften bergab. Hinter Tortoli, in **Arbatax**, hat man die Endstation erreicht. Der »Trenino Verde« fährt auch auf anderen Strecken, falls Ihnen diese Tour zu lang ist.

Wer sich mit der Bahn auf den Weg in die Berge macht, erlebt ein Stück ursprüngliches Sardinien. Und »Bummelbahn-Fahren« macht auch Kindern Spaß!

Eine Bahnfahrt von Mandas nach Sorgono – Zerklüftete Berglandschaft und herrliche Einsamkeit

Charakteristik: Bahnfahrt durch traumhafte Landschaften; **Länge:** ca. 80 km; **Dauer:** ca. 4 Stunden; **Einkehrmöglichkeiten:** Pizzeria Da Pupo, Via IV. Novembre, 08038 Sorgono; **Auskunft:** Kostenloses Info-Tel. 8 00 46 02 20; **Karte:** → S. 119

Auf dieser Strecke erlebt man die absoluten Landschafts-Highlights; pure Einsamkeit zwischen spektakulären Bergen, Tälern und Schluchten, durch die die Kleinbahn rattert. In diesen Abschnitten war es früher nicht gerade selten, dass die Bahn von berittenen Banditen überfallen wurde. Sie raubten die Postsäcke und stahlen den Reisenden sämtliche Habseligkeiten. Der letzte Raubüberfall dieser Art soll 1925 stattgefunden haben. Jetzt transportiert die Bahn auf dem kleinen Teilstück zwischen den beiden Bergdörfern **Mandas**, unserem Ausgangspunkt, und Sorgono unbehelligt Fereiengäste und Einheimische.

Sorgono hat mit seinen massiven Steinhäusern, den engen Gassen und der Piazza schon fast Kleinstadtcharakter. Der Ort gilt als Zentrum für hervorragenden Rotwein aus dem Hügelland zwischen dem Gennargentu und den Trachyt-Hochebenen des Tirso-Tals. Lohnend: Außerhalb des Dorfes (etwa 9 km westlich auf der SS 388) steht ganz einsam die Kirche **San Mauro** aus dem 17. Jh. Gebaut wurde sie aus rosafarbenem Trachyt. Um die Kirche herum standen früher die Unterkünfte für die Pilger. Heute sind sie leider zerfallen.

Wer die Zugfahrt als Tagesausflug plant, braucht möglichst jemanden, der ihn in Sorgono abholt, denn der Zug fährt nur einmal täglich in eine Richtung. Wer von der langen und ruckeligen Bahnfahrt hungrig geworden ist, kann die »Pizzeria Da Pupo« in Sorgono besuchen. Eine einfache, aber nette Pizzeria.

Die Zugfahrt von Mandas nach Sorgono führt durch eine großartige landschaftliche Szenerie.

Ausflug in die Grotta di Nettuno – 700 Treppenstufen in die Tiefe

5

Charakteristik: Ein Ausflug zu einer der schönsten Tropfsteinhöhlen Sardiniens, die Neptunshöhle; **Länge:** ca. 30 km; **Dauer:** ca. 3 Stunden; **Einkehrmöglichkeiten:** Trattoria La Singular, Via Arduino 45 oder La Lepanto, Via Carlo Alberto, 07041 Alghero; **Auskunft:** Navisarda am Hafen von Alghero, Tel. 079950603; **Karte:** → S. 118, A 5

Vom Hafen in Alghero aus können Sie einen sehr schönen Bootsausflug zur Grotta di Nettuno unternehmen. Oder aber Sie fahren die Höhle mit dem Auto über die Bucht von Porto Conte an. Dann stehen Ihnen allerdings über 700 Treppenstufen bevor, bis Sie die schönste Meereshöhle Sardiniens erreicht haben. In diesem Fall empfiehlt es sich, möglichst früh loszufahren, damit der Aufstieg nicht in die Zeit der Mittagshitze fällt. 20 Min. benötigen Sie, um die 1954 erbaute Treppe – die Escala di Cabirol – hinabzusteigen, das Doppelte, um wieder hinauf zu kommen. Aber der Weg lohnt sich, denn es eröffnen sich Ihnen wunderschöne Ausblicke.

Die Grotta di Nettuno (→ S. 51) ist insgesamt 1200 m lang, aber nur im vorderen Teil begehbar. Ihr Eingang liegt etwa 1 m über dem Meeresspiegel. Im Inneren der Höhle finden Sie einen See: **La Marmora.** Die engen Gänge zwischen den bizarren Stalagmiten und Stalaktiten drängen sich tief in die Felsen. Von der »Ruinenhalle«, der Sala della Rovine, gelangen Sie in den »königlichen Palastsaal«, die Sala della Regina. Von der »Musiktribüne«, der Tribuna della Musica, können Sie einen Blick auf den »Orgelsaal«, die Sala dell' Organo, und den »Kuppelraum«, die Sala della Cupola, werfen.

Bis vor wenigen Jahren war diese Grotte, wie auch die Grotta del Bue Marino (→ S. 74), noch Heimat für ungezählte Mönchsrobben – mittlerweile allerdings nur schwer vorstellbar. Die vielen Besucher, die zumindest in der Hauptsaison die Tropfsteinhöhle besichtigen, dürften die putzigen Tiere vertrieben haben.

Von den insgesamt rund vier Kilometern Höhlensystem der spektakulären Grotta di Nettuno ist nur der vordere Teil begehbar.

Wanderung von Baunei nach San Pietro di Golgo – Heilige Stätten inmitten von Karstlandschaft

Charakteristik: Eine wildromantische Wanderung durch eine Karstlandschaft, die schon für die Nuraghier als Kultort diente; **Länge:** ca. 10 km; **Dauer:** 4–5 Stunden; **Einkehrmöglichkeiten:** Trattoria Pisaneddu, an der SS 125 nördlich von Baunei; **Auskunft:** Coop Goloritze, Tel. 07 82 61 05 99, Fax 07 82 61 05 99; **Karte:** → S. 119, F 7

Für Wanderungen ist **Baunei** ein bestens geeigneter Ausgangsort. Wanderer, die sich für mehrere Tage auf den Weg machen wollen, können hier noch einmal Proviant kaufen. In den Lebensmittelgeschäften gibt es hervorragendes »pane pistoccu«, eine Art dickes »pane carasau«, aus Weizenmehl gebackenes, hauchdünnes Brot.

Aber auch für kürzere Strecken, wie diese Wanderung, eignet sich Baunei als Ausgangsort. Im Dorf führt eine Abzweigung nach **San Pietro di Golgo**. Sie ist deutlich ausgeschildert. Die ersten km laufen Sie auf einer Schotterpiste. Ein bisschen Kondition ist gefragt, denn die Steigung beträgt auf dem ersten km an die 20 %. Haben Sie den Aufstieg geschafft, stehen Sie auf einer Hochebene. Nach etwa 1 km nehmen Sie die linke Abzweigung. Bleiben Sie ab jetzt auf der meist befahrenen Strecke, dann gelangen Sie in ein Tal mit sehr schönen Eichen. In San Pietro di Golgo angelangt, können Sie sich unter den alten Olivenbäumen bei der Wallfahrtskirche erholen. Hier steht auch noch ein **Menhir** mit einem grob modellierten Gesicht. Er stammt aus der Nuraghenzeit.

Wer danach noch Puste und Lust auf mehr Entdeckungen hat: Etwa 500 m weiter (gelbes Hinweisschild) finden Sie das 295 m tiefe Loch **S'Isterru**. Vorsicht: Bei nassem Wetter sollten Sie auf den Blick in den Abgrund verzichten. Der Kraterrand kann dann sehr glitschig sein.

In der Wallfahrtskirche San Pietro di Golgo findet jedes Jahr am 29. Juni eine feierliche Prozession statt.

Wanderung zur Schlucht von Gorruppu – Entlang einer mediterranen Märchenwelt

Charakteristik: Eine fast kulinarische Wanderung durch die besten Wein- und Olivenanbaugebiete Sardiniens, aber auch eine »gigantische« Wanderung: Die Felswände der Schlucht steigen 500 m hoch in den Himmel! **Länge:** ca. 15 km; **Dauer:** Tagesausflug; **Einkehrmöglichkeiten:** Sant'Elena, Loc. Sant'Elena, Colibri, Via Gramsci 14, 08022 Dorgali; **Auskunft:** Pro Loco, Via Lamarmora, 08022 Dorgali, Tel. 07 86 19 62 43; **Karte:** → S. 119, E 6

Diese Tour – sie ist nur bei absolut trockenem Wetter möglich – müssen Sie zunächst mit dem Auto beginnen: Sie fahren auf der SS 125 von **Dorgali** in Richtung Landkirche **Nostra Signora di Buon Cammino.** Achtung: Ca. 1 km hinter der Galleria Cala Gonone fahren Sie rechts in Richtung »Hotel Sant'Elena«; nach etwa 9 km geht es rechts noch 300 m auf einem Schotterweg weiter. Kurz hinter der Brücke über den Fluss Flumineddu können Sie parken.

Der Weg verläuft bis zur Schlucht am Westufer des Riu Flumineddu entlang. Es ist eine wahrhaft mediterrane Märchenwelt: Je nach Wetterlage plätschern kleine Wasserfälle in die Tiefe, hier und da tut sich ein kleines Badebecken auf. Nach rund 2 Std. sind Sie am Eingang der **Schlucht von Gorruppu** (Gola su Gorruppu) unserem Ziel, angekommen. Ein spektakulärer Anblick: 500 m steigt die Felswand fast senkrecht empor. Bleiben Sie jetzt auf alle Fälle auf dem Pfad. Es folgen einige relativ gut zu bewältigende Kletterpassagen über Felsbrocken.

Links und rechts tun sich gigantische Gesteinsmassen auf. Dazwischen hat der Fluss überall kleinere Teiche gebildet. Nach einiger Zeit stehen Sie vor dem See **Sa Pischina Urtaddala.** Er füllt die Schlucht in ihrer ganzen Breite aus. Hinter dem See versperrt leider eine Felsstufe den Weg. Sie ist an die 5 m hoch – hier können Sie nur noch mit alpiner Ausrüstung weiterkommen. Zurück geht es auf dem gleichen Weg.

Eine Wanderung durch die Gola su Gorroppu und man fühlt sich wie ein Winzling zwischen Riesenkieselsteinen.

Spaziergang durch Sassari – Historische Bürgerhäuser und Piazze, attraktive Einkaufs- und Flaniermeilen

Charakteristik: Interessanter Einblick in die mit 122 000 Einwohnern zweitgrößte, malerische Metropole Sardiniens; **Länge:** ca. 5 km; **Dauer:** Tagesausflug; **Einkehrmöglichkeiten:** L'Antica Hostaria, Via Cavour 55 oder Il Castello, Piazza Castello 6/7; **Auskunft:** Coop Goloritze, Tel. 07 82 61 05 99, Fax 07 82 61 05 99; **Karte:** → S. 116, B 3

Eine ausgesprochen malerische Altstadt, lebendig und so authentisch wie in keinem anderen sardischen Ort – Sassari muss man einfach gesehen haben.

Wenn Sie in Alghero wohnen, fahren Sie über die Landstraße 291 nach Sassari. Oder aber Sie reisen mit dem Zug bzw. Überlandbus an. Die Fahrt geht schnell, so dass Sie in Sassari genügend Muße zum Bummeln, Einkaufen und für Besichtigungen haben. Für die zweitgrößte Stadt Sardiniens sollten Sie sich allerdings einen ganzen Tag Zeit nehmen.

Wann Sassari gegründet wurde, weiß man bis heute nicht ganz genau. Anfang des 13. Jh. wurde die Stadt Handelszentrum. Kaufleute aus Genua und Pisa machten das Bauerndorf im Inselinneren zu einer blühenden Handelsstadt. Auch heute noch hat sie diesen Ruf, obwohl sie sich eigentlich mehr und mehr zu einem großen Dienstleistungszentrum entwickelte. Zum Ärger der Sassaresen schafften sie es jedoch nie, ihre große Schwester Cagliari zu überrunden.

Besichtigen sollten Sie in Sassari unbedingt die **Piazza d'Italia**, die

Der Palazzo della Provincia in Sassari zeugt vom einstigen Wohlstand der zweitgrößten Stadt Sardiniens.

1872 auf einer weiten Fläche von 1 ha angelegt wurde. In der Mitte thront das Denkmal von Vittorio Emanuele II. Auf dem Platz befindet sich zudem der **Palazzo della Provincia** (1873) mit einer schönen klassizistischen Fassade und prächtigen Sälen mit großen Fresken sowie der **Palazzo Giordano** (1878) mit ebenfalls sehr eindrucksvollen Sälen. Abends ist die Piazza d'Italia neben dem **Corso Vittorio Emanuele II.**, der belebten Flanier- und Einkaufsmeile der Stadt, der wichtigste Treffpunkt für die Einheimischen. Früher lagen hier die elegantesten Paläste und Wohnhäuser der wohlhabenden einheimischen Kaufleute.

Die volkstümlichste aller Straßen ist die **Via al Rosello**. Von der ehemals blühenden Handwerkstradition, die überwiegend hier angesiedelt war, ist allerdings nur noch wenig zu spüren. Hier und da arbeitet noch ein Tischler oder ein Schuster. Die Straße führt direkt auf die **Fontana di Rosello** zu, dem berühmtesten Brunnen. Zwölf steinerne Löwenköpfe speien hier Wasser.

Unbedingt sehenswert ist auch der Dom **San Nicola** aus dem 14. Jh. Im Inneren ist die katalanische Gotik noch erhalten. Das Äußere erhielt später spanische Barockschnörkel. In der Kirche **Santa Maria di Betlem** auf der Piazza Santa Maria finden Sie unter anderem eine Statuengruppe (Maria mit dem Kinde) aus dem 15. Jh. Sehr schön ist das **Museo Archeologico ed Etnografico Giovanni Antonio Sanna** an der Via Roma 64. Mit Pinakothek, einer archäologischen Sammlung und einer Ausstellung zur sardischen Kultur.

Wissenswertes über Sardinien

Klatschmohnblumenfeld in prächtiger Blüte bei Carbonia.

Was »Dov'è l'officina più vicina« bedeutet, ob »oben ohne« am Strand wirklich akzeptabel ist und wer Grazia Deledda war – auf den folgenden Seiten erfahren Sie's.

Jahreszahlen und Fakten im Überblick

Um 6000 v. Chr.
Frühes Neolithikum. Tongefäße und Keramikfunde aus dieser Zeit in einer Höhle bei Mara.

Um 3000 v. Chr.
Spätes Neolithikum mit Ozieri-Kultur. Kunstvolle Keramiken, Steingefäße. Im gleichen Zeitraum: Arzachena-Kultur mit runden Steinkreisgräbern.

Um 1800 v. Chr.
Nuraghenkultur in vier Stufen: archaische Nuraghenzeit, die mittlere Epoche, die späte Nuraghenzeit und die späte Epoche.

Um 1000 v. Chr.
Erste Spuren der Phönizier in Alghero und Nora.

Um 900 v. Chr
Die Phönizier gründen Karal (Cagliari) und Bythia (Chia).

Um 500 v. Chr.
Die Karthager erobern Sardinien. Die Römer erkennen die Herrschaft ab 900 v. Chr. an.

238 v. Chr.
Der römische Konsul Titus Sempronius Gracchus annektiert Sardinien.

177 v. Chr.
Sardinien wird römische Provinz.

440 n. Chr.
Die Vandalen greifen von Nordafrika aus an. Sie bleiben etwa 80 Jahre.

534
Sardinien wird von Byzanz befreit. Die Insel gehört jetzt zum Oströmischen Reich.

711
Die Araber beginnen die Insel zu überfallen. Diese Sarazenen-Überfälle dauern teilweise bis ins 19. Jh. Der letzte fand 1815 auf Sant' Antioco statt.

Um 900
Die Sarden bitten den Frankenkönig Ludwig den Frommen um Hilfe. Loslösung von Byzanz. Die Insel teilt sich in vier kleine Staaten: Torres, Gallura, Arborea und Cagliari. Die Territorien (judikate) werden jeweils von Richtern (judices) regiert.

1016
Pisaner und Genuesen schicken auf Veranlassung des Papstes Benedikt VIII. eine Flotte gegen die Araber aus. Die Araber werden vertrieben, die Pisaner und Genuesen bleiben auf Sardinien.

1297
Das spanische Haus Aragon wird von Papst Bonifaz VIII. mit der Insel belehnt.

1392
Die »Carta de Lugo«, ein Zivil- und Strafgesetzbuch, wird von Eleonora d'Arborea erlassen.

1479
Mit der Thronbesteigung Ferdinand II. von Aragonien wird Sardinien spanisch.

1714
Durch den Frieden von Utrecht wird Sardinien Habsburg zugesprochen.

1718
Der Londoner Vertrag teilt die Insel dem Herzog von Savoyen, Viktor Amadeus II., zu.

1820
Ein Erlass zur Einfriedung enthält neue Vorschriften für die Landwirtschaft. Jeder kann das Land bewirtschaften, das er einzäunt.

1847
Die wirtschaftliche Lage ist aussichtslos. Sardinien verzichtet auf die Autonomie.

1861
Sardinien wird Teil des italienischen Einheitsstaates. Auch unter dem König Vittorio Emanuele II. aus Savoyen-Piemont wird Sardinien weiter ausgebeutet. Hirten und Bauern werden vermehrt zu Banditen, viele wandern aufs Festland aus. Dort hoffen sie auf Arbeit und ein besseres Leben.

1915–1918
Die »Brigata Sassari« zeichnet sich im Ersten Weltkrieg im Kampf gegen Deutschland und Österreich aus.

Ab 1920
Die Kriegsheimkehrer der »Brigata Sassari« fordern mehr Autonomie. Die Bewegung wird ab 1922 von Mussolini unterdrückt.

1943
Cagliari ist Ziel verheerender Luftangriffe. Über die Hälfte des Stadtgebietes wird zerstört.

1948
Sardinien wird autonome Region innerhalb der Republik Italiens und kann zu einem gewissen Teil über sich selbst bestimmen. Wichtige Entscheidungen werden dennoch in Rom getroffen.

1950
Durch amerikanische Hilfe und mit Einsatz von DDT ist der Kampf gegen die Malaria zum ersten Mal erfolgreich. Moskitos werden ausgerottet. Im selben Jahr wird der Hilfsfond »Cassa per il Mezzogiorno« eingerichtet, der neue Arbeitsplätze schaffen soll.

1951
Es herrscht die letzte große Hungersnot auf Sardinien auf. Eine riesige Auswanderungswelle beginnt.

Ab 1962
Industrialisierung Sardiniens. Die Petrochemie erlebt zunächst einen Aufschwung und bald darauf einen Niedergang. Die Auswirkungen auf den sardischen Arbeitsmarkt sind allerdings sehr gering. Man holt Spezialisten vom Festland, der Gewinn der Firmen wird an die italienischen Muttergesellschaften abgeführt. Aufgrund der hohen Arbeitslosigkeit wandern in dieser Zeit rund 400 000 Sarden aus.

1963
Prinz Karim Aga Khan gründet das Jetset-Paradies Costa Smeralda.

1969
Bürger von Orgosolo verhindern durch Besetzung der Weiden, dass Portobello Militärgebiet wird.

1989
Das sardische Regionalparlament verabschiedet ein Gesetz, das den Tourismus eindämmen soll.

1995
Die seit 1994 bestehende Koalition unter Berlusconi zerbricht. Der parteilose Lamberto Dini übernimmt die Regierungsgeschäfte Italiens.

1998
Die Wirtschaft hat sich unter Romano Prodi so weit stabilisiert, dass Italien für die Einführung des Euro in Frage kommt. Massimo D'Alema wird neuer Ministerpräsident.

2002
Dass nun der Medienmogul Berlusconi regiert, hat bisher auf Sardinien zu keinen ökonomischen Veränderungen geführt.

2004
Berlusconis Überlegungen, in still gelegten Bergwerken auf Sardinien radioaktive Abfälle zu lagern, stößt auf heftigen Protest.

Nie wieder sprachlos

Wichtige Wörter und Ausdrücke

Ja	*si*
Nein	*no*
Bitte	*per favore, per piacere*
Und	*e*
Wie bitte?	*prego, come*?
Ich verstehe nicht	*non capisco*
Entschuldigung, entschuldigen Sie	*scusa, scusi*
Guten Morgen, guten Tag	*buon giorno*
Guten Abend	*buona sera*
Gute Nacht	*buona notte*
Hallo	*ciao*
Ich heiße ...	*mi chiamo ...*
Ich komme aus ...	*(io) vengo da ...*
Wie geht's ?	*come va*?
Danke, gut.	*bene, grazie.*
Wer, was, welcher?	*chi, (che)cosa, quale?*
Wie viel?	*quanto?*
Wo ist?	*dov'è*?
Wann?	*quando?*
Wie lange?	*per quanto tempo?*
Sprechen Sie Deutsch?	*Lei parla tedesco*?
Auf Wiedersehen	*arrivederci*
Heute	*oggi*
Morgen	*domani*

Zahlen

null	*zero*
eins	*uno*
zwei	*due*
drei	*tre*
vier	*quattro*
fünf	*cinque*
sechs	*sei*
sieben	*sette*
acht	*otto*
neun	*nove*
zehn	*dieci*
hundert	*cento*
tausend	*mille*
zehntausend	*diecimila*
hunderttausend	*centomila*

Wochentage

Montag	*lunedì*
Dienstag	*martedì*
Mittwoch	*mercoledì*
Donnerstag	*giovedì*
Freitag	*venerdì*
Samstag	*sabato*
Sonntag	*domenica*

Mit und ohne Auto unterwegs

Wie weit ist es nach ....?	*Quanto è distante ...?*
Wie kommt man nach ...?	*Come si arriva a ...?*
Wo ist ...	*Dov'è ...*
– die nächste Werkstatt?	*– l'officina più vicina*?
– der Bahnhof/ Busbahnhof?	*– la stazione/stazione del pullman (autobus)?*
– die nächste Bus-Station?	*– la fermata del pullman (autobus) più vicina*?
– der Flughafen?	*– l'aeroporto*?
– die Touristeninformation?	*– l'ufficio turistico*?
– die nächste Bank?	*– la banca più vicina*?
– die nächste Tankstelle?	*– il distributore di benzina più vicina?*
Wo finde ich	*Dove trovo*
– einen Arzt	*– un medico?*
– eine Apotheke?	*– una farmacia*?
Bitte volltanken.	*Per favore, il pieno di benzina.*
Super	*benzina super*
Bleifrei	*senza piombo/ benzina verde*
Diesel	*diesel*
Mischung	*miscela per motocicli*
rechts	*destra*
links	*sinistra*

geradeaus	*diritto*
Ich möchte ein Auto/ein Fahrrad mieten.	*Vorrei noleggiare un automobile/ una bicicletta.*
Wir hatten einen Unfall.	*Abbiamo avuto un incidente.*
Bitte eine Fahrkarte nach ...	*Per favore, un biglietto per ...*
Hin und zurück	*andata e ritorno*

Hotel

Ich suche ein Hotel.	*Cerco un albergo.*
Ich suche ein Zimmer für ... Personen.	*Cerco una camera per ... persone.*
Haben Sie noch ein Zimmer frei?	*Lei ha ancora una camera libera*?
– für eine Nacht	– *per una notte*
– für zwei Tage	– *per due giorni*
– für eine Woche	– *per una settimana*
Ich habe ein Zimmer reserviert.	*Ho prenotato una camera.*
Wie viel kostet das Zimmer?	*Quanto costa* (*la camera*)?
– mit Frühstück	– *con prima* (*piccola*) *colazione*
– mit Halbpension	– *con mezza pensione*
Kann ich das Zimmer sehen?	*Posso vedere la camera*?
Ich nehme das Zimmer.	*Si, la prendo.*
Ich muss mich über ... beschweren.	*Devo reclamare ...*
... funktioniert nicht	... *non funziona*
Verzeihung, es fehlt ...	*Scusi, manca ...*
Kann ich mit Kreditkarte zahlen?	*Posso pagare con la carta di credito*?
Gibt es einen Safe?	*C'è una cassaforte?*
Haben Sie noch Platz für ein Zelt/einen Wohnwagen?	*C'è ancora posto per una tenda/ una roulotte*?

Restaurant

Die Speisekarte bitte.	*La lista delle vivande* (*il menu*), *per favore.*
Die Rechnung bitte.	*Il conto, per favore.*
Ich hätte gern einen Kaffee/ einen Tee.	*Vorrei un caffè/ un thé.*
Wo finde ich die Toiletten? (Damen/ Herren)	*Dove trovo i gabinetti?* (*Signore/Signori*)
Kellner	*cameriere*
Frühstück	*prima* (*piccola*) *colazione*
Mittagessen	*colazione* (*pranzo*)
Abendessen	*cena*

Einkaufen

Wo gibt es ...?	*Dov'è ...?*
Haben Sie ...?	*Lei ha ...?*
Wie viel kostet ...?	*Quanto costa ...?*
Das ist zu teuer.	*Costa troppo.*
Geben Sie mir bitte 100 g/ ein Pfund/ ein Kilo.	*Per favore, mi dia un etto/ mezzo chilo/ un chilo.*
Danke, das ist alles.	*Grazie, è tutto.*
Geöffnet	*aperto*
Geschlossen	*chiuso*
Bäckerei	*fornaio, panetteria, panificio*
Konditorei	*pasticceria*
Kaufhaus	*grande magazzino*
Markt	*mercato*
Metzgerei	*macelleria*
Haushaltswaren	*negozio di casalinghi*
Lebensmittel	*negozio* (*generi*) *di alimentari*
Zeitungshändler	*giornalaio*
Briefmarke(n) für einen Brief/eine Postkarte nach Deutschland/Österreich/in die Schweiz	*francobollo*(*i*) *per una lettera/ cartolina per la Germania/ l'Austria/ la Svizzera*

Die wichtigsten kulinarischen Begriffe

Wichtige Redewendungen → S. 98

A
acciughe: Sardellen
aceto: Essig
acqua: Wasser
– *gassato:* mit Kohlensäure
– *minerale:* Mineralwasser
– *naturale:* Stilles Wasser
aglio: Knoblauch
agnello: Lamm
alla griglia: gegrillt
amaro: bitter, Magenbitter
anatra: Ente
aneletti gratinati: panierte Tintenfischringe, mit Knoblauch und Pfeffer gewürzt
anguilla: Aal
anguria: Wassermelone
anitra: Ente
antipasto: Vorspeise
aragosta: Languste
arancia: Orange
aranciata: Orangenlimonade
aringa: Hering
arrosto: Braten
– *di maiale:* Schweinebraten
– *di manzo:* Rinderbraten
– *di tacchino:* Putenbraten
– *di vitello:* Kalbsbraten
asparagi: Spargel

B
baccalà: Stockfisch
barbio (oder *barbo*): Barbe
bevande: Getränke
bietola: Mangold
birra: Bier
– *chiara:* helles Bier
– *scura:* dunkles Bier
– *alla spina:* Bier vom Fass
biscotto: Keks
bistecca: Steak, Schnitzel
bollito: gekocht
bottarga di tonno: Tunfischrogen
branzino: Seebarsch
brodo: Fleischbrühe
bruschetta: geröstetes Brot mit Tomaten, Öl und Knoblauch
bucatini: lange Röhrchennudeln
burro: Butter

C
cacciagione: Wildbret
caffè (espresso): Espresso
– *corretto:* Espresso mit einem Schuss Alkohol
– *latte:* Milchkaffee
– *macchiato:* Espresso mit einem Schuss Milch
calamari: Tintenfische
cameriere: Kellner
camomilla: Kamillentee
cannelloni: gefüllte, überbackene Nudelröllchen
capesante: Jakobsmuscheln
capperi: Kapern
cappuccino: Kaffee mit aufgeschäumter Milch
capretto: Zicklein
carciofo: Artischocke
carne: Fleisch
carota: Karotte
cassata: Eis mit kandierten Früchten
castagnaccio: Kastanienmehlkuchen
cavolfiore: Blumenkohl
ceci: Kichererbsen
cefalo: Meeräsche
cena: Abendessen
cervello: Hirn
cervo: Hirsch
cetriolo: Gurke
ciliegia: Kirsche
cinghiale: Wildschwein
cioccolata: Trinkschokolade
– *con panna:* mit Schlagsahne
cipolla: Zwiebel
cocomero: Wassermelone
coltello: Messer
coniglio: Kaninchen
contorni: Beilagen
coratella: Innereien
cornetto: Hörnchen
corzetti: breite Bandnudeln
costoletta: Kotelett
– *alla milanese:* Wiener Schnitzel
cozze: Miesmuscheln
crème caramel: Karamellpudding

crostacei: Krebstiere
crostino: geröstetes Brot
crudo: roh
cucchiaino: Teelöffel
cuchiaio: Löffel

D
datteri: Dattel, Dattelmuscheln
dentice: Zahnbrasse
dolce: süß, Süßspeise
duro: hart, zäh

E
erbe: Kräuter

F
fagiano: Fasan
fagioli: weiße Bohnen
fagiolini: grüne Bohnen
faraona: Perlhuhn
farfalle: Schmetterlingsnudeln
fegato: Leber
fettuccine: Bandnudeln
fico: Feige
filetto: Filet
finocchio: Fenchel
focaccia: salziges Hefefladenbrot
formaggio: Käse
fragola: Erdbeere
fritto misto di pesce: verschiedene gebackene Fische und Meeresfrüchte
frutta: Obst
– *alla martorana:* Marzipansüßspeise
frutti di mare: Meeresfrüchte
funghi: Pilze
– *porcini:* Steinpilze
fusilli: spiralförmige Nudeln

G
gambero: Krebs
gattafin: in Olivenöl ausgebackene Gemüseravioli
gelato: Eis
ghiaccio: Eiswürfel
gnocchetti: Kartoffelklößchen
granita: zerstoßenes Eis mit Fruchtsaft
granoturco: Mais
grappa: Tresterschnaps
grissini: dünne Knabberstangen

I
insalata: Salat
– *mista:* gemischter Salat
– *verde:* grüner Salat
involtini: Fleischrouladen

L
lamponi: Himbeeren
lasagne al forno: überbackenes Nudelgericht
latte: Milch
– *di mandorla:* Mandelmilch
lattuga: Kopfsalat
legumi: Gemüsesorten
lenticchie: Linsen
lepre: Hase
lesso: gekocht
limonata: Limonade
limone: Zitrone
lingua: Zunge
linguine: schmale Bandnudeln
liquore: Likör
litro: Liter
– *un mezzo litro:* halber Liter
– *un quarto litro:* Viertelliter
lobata: Lendenbraten
lombata: Lendenstück
lumache: Schnecken

M
maccheroni: dicke, hohle Nudeln
macedonia: Obstsalat
maiale: Schwein
maialetto: Ferkel
mandarino: Mandarine
mandorla: Mandel
manzo: Rind
marroni: Esskastanien
marsala: Dessertwein
mela: Apfel
melanzane: Auberginen
melone: Zuckermelone
merluzzo: Kabeljau
miele: Honig
minestra: Suppe
minestrone: Gemüsesuppe mit Nudeln
mirtilli: Heidelbeeren
montone: Hammel
more: Brombeeren
mozzarella: Büffelkäse
muggine: Meeräsche

N
nasello: Schellfisch, Seehecht
nocciola: Haselnuss
noce: Nuss
nodino di vitello: Kalbskotelett

O
oca: Gans
olio: Öl
– *di oliva extra vergine:* Olivenöl aus erster Kaltpressung
olive: Oliven
orata: Goldbrasse
orecchiette: Öhrchennudeln
ossobuco: Stück Kalbshaxe
ostriche: Austern

P
palombo: kleiner Haifisch
panada: Brotsuppe
pancetta: Schweinebauch
pane: Brot
– *integrale:* Vollkornbrot
panino: Brötchen, belegtes Brot
panna: Sahne
panettone: Hefekuchen
pappardelle: kurze, breite Nudeln
parmigiano: Parmesankäse
pasta: Teig, Nudeln
pasta al brodo: Nudelsuppe
pastasciutta: Nudelgericht mit Soße
pasticcio: überbackenes Nudelgericht
patate: Kartoffeln
– *arrostite:* Bratkartoffeln
– *fritte:* Pommes frites
– *lesse:* Salzkartoffeln
pecorino: Schafkäse
penne lisce: kurze, dicke, angespitzte und hohle Nudeln
penne rigate: kurze, geriffelte, dicke und angespitzte hohle Nudeln
pepe: Pfeffer
peperonata: Paprika-Tomaten-Gemüse
peperoncino: kleine Pfefferschote
peperone: Paprika
pera: Birne
pesca: Pfirsich
pesce: Fisch
– *spada:* Schwertfisch
pesto: Basilikumsoße mit zerstoßenen Pinienkernen, Parmesan und Knoblauch
petto di pollo: Hühnerbrust
piatto: Teller, Gang
– *del giorno:* Tagesgericht
piccata: Kalbfleischscheibe
piccione: Taube
piselli: Erbsen
pistacchi: Pistazien
polenta: Maisbrei
pollo: Huhn
– *fritto:* Brathähnchen
polpetta: Frikadelle
polipo: Tintenfisch
pomodoro: Tomate
pompelmo: Grapefruit
porchetto: Ferkel
porcini: Steinpilze
porri: Lauch
pranzo: Mittagessen
prezzemolo: Petersilie
prima colazione: Frühstück
prosciutto: Schinken
– *cotto:* gekochter Schinken
– *crudo:* roher Schinken
provolone: pikanter Käse
prugna: Pflaume
purè di patate: Kartoffelpüree

Q
quaglia: Wachtel

R
radicchio: Radicchiosalat
rafano: Rettich
ragù: Ragout, Fleischsauce (zu Pasta)
rape: Kohlrabi
ravanelli: Radieschen
ravioli: gefüllte Teigtaschen
ribes: Johannisbeeren
riccio: Seeigel
ricotta: quarkartiger Käse
rigatoni: kurze, geriffelte Nudeln
riso: Reis
risotto: Reisgericht
– *alla marinara:* mit Meeresfrüchten
– *alla milanese:* Reis mit Safran
– *nero:* mit Tintenfischsoße
rognoni: Nieren
rombo: Steinbutt

S

salame: Salami
salato: salzig
sale: Salz
salmone: Lachs
– *affumicato:* geräuchter Lachs
salsa: Soße
– *verde:* grüne Kräutersoße
salsiccia: Würstchen
saltimbocca: Kalbsmedaillons mit Salbei und Parmaschinken
salvia: Salbei
sarago: Brasse
sarde: Sardinen
scaloppine di vitello: kleine Kalbsschnitzel
scampi: Krabben
sedano: Sellerie
semifreddo: Halbgefrorenes
senape: Senf
seppia: Tintenfisch
servizio: Bedienung
sgombro: Makrele
sogliola: Seezunge
spaghetti: Spaghetti
– *aglio, olio e peperoncino:* mit Knoblauch, Olivenöl und Pfefferschoten
– *al burro:* mit Butter
– *alla carbonara:* mit Speck und Ei
– *alla Norma:* mit Tomatensoße und Auberginenscheiben
– *al pesto:* mit Basilikumsoße
– *alla puttanesca:* mit Tomatensoße, Oliven und scharfen Gewürzen
– *al ragù:* mit Fleischsoße
spezzatino: Kalbsgulasch
spiedino: Spießchen
spiedo (allo): vom Spieß
spiedino di carne: Fleischspieß
spigola: Seebarsch
spinaci: Spinat
spremuta: frisch gepresster Saft
– *d'arancia:* Orangensaft
– *di mela:* Apfelsaft
– *di pera:* Birnensaft
– *di pesca:* Pfirsichsaft
spumante: Sekt
stracciatella: Eierflaumsuppe
stufato: gedünstet
sugo: Soße
succo di frutta: Fruchtsaft

T

tacchino: Truthahn
tagliatelle: Bandnudeln
tartufo: Trüffel
tavola calda: Schnellimbiss
tenero: zart
timballo: Nudelauflauf
timo: Thymian
tiramisù: Dessert mit Löffelbiskuits und Mascarponecreme
tonno: Tunfisch
tortellini: gefüllte Teigtaschen
tortelloni: große Tortellini
tramezzino: Sandwich
trenette: lange, flache Nudeln
triglia: Barbe
trippa: Kutteln
trotta: Forelle

U

uovo: Ei
– *à la coque:* weich gekochtes Ei
– *sodo:* hart gekochtes Ei
– *strapazzato:* Rührei
– *al tegamino (al burro):* Spiegelei
uve: Trauben
– *bianche:* grüne Trauben
– *nere:* blaue Trauben

V

verdura: Gemüse
vermicelli: Fadennudeln
vino: Wein
– *bianco:* Weißwein
– *rosato:* Roséwein
– *rosso:* Rotwein
– *santo:* süßer Dessertwein
vitello: Kalb
– *tonnato:* Kalbsbratenscheiben mit Tunfischsoße
vongole: Venusmuscheln

Z

zabaione: Wein-Eier-Creme
zampone: Schweinshaxe
zucchero: Zucker
zuppa: Suppe
– *di fagioli:* dicke Bohnensuppe
– *inglese:* Süßspeise mit Biskuit und Likör
– *di pesce:* Fischsuppe
– *di verdura:* Gemüsesuppe

Nützliche Adressen und Reiseservice

Auf einen Blick

Bevölkerung: Auf Sardinien leben ca. 1,7 Mio. Menschen.

Landfläche: 24 090 qkm mit 1849 km langer Küste, 18 % Ebenen, 68 % Hügel und 14 % Berge

Hauptstadt: Cagliari

Höchster Berg: Punta La Marmora (1835 m)

Einwohnerzahl: 1,7 Mio.

Politik: Nach dem Zweiten Weltkrieg wird Sardinien 1946 Republik, 1948 zur autonomen Region. Wichtige politische Entscheidungen werden dennoch in Rom getroffen. Es besteht überall der Wunsch nach Bewahrung der Eigenständigkeit. Zwar wissen die Sarden, dass ihre Insel eigenständig nicht bestehen kann, aber trotzdem wehrt man sich gegen aus- und festländisches Kapital.

Staatsform: Sardinien ist eine autonome Region innerhalb Italiens.

Sprachen: Italienisch, Sardisch

Religion: Katholisch

Wirtschaft: Die Region Sardinien hat auch heute noch eines der niedrigsten Pro-Kopf-Einkommen Italiens. Bisher sind leider auch sämtliche Programme zur Ankurbelung der Wirtschaft fehlgeschlagen. Der Aufbau der petrochemischen Industrie zwischen 1962 und 1974 und auch der Aufbau mittlerer und kleinerer Industriebetriebe hat nicht den gewünschten Erfolg gebracht. Rund 400 000 Sarden sind mittlerweile ins Ausland abgewandert, um dort zu arbeiten. Die heutigen wirtschaftlichen Hoffnungen der sardischen Bevölkerung liegen vor allem im Ausbau des Tourismus. Von der Landwirtschaft leben heute rund 13,5 % der berufstätigen Sarden, 22,8 % von der Industrie.

Anreise und Ankunft

Mit dem Flugzeug

Nach Sardinien zu fliegen ist sicherlich die bequemste Art. Etwa von Anfang April bis Mitte Oktober fliegen von allen großen Flughäfen Deutschlands, der Schweiz und Österreichs mehrere Airlines die sardischen Flughäfen Alghero, Olbia und Cagliari an. Die wichtigsten Flughäfen sind Olbia im Norden und Cagliari im Süden.

Mit dem Auto

Von Deutschland fährt man am besten über den mautpflichtigen Brenner (Autobahn-Vignette in Österreich) oder durch die Schweiz (Autobahn-Vignette) nach Genua. Sie sparen auf diese Weise reichlich Autobahngebühren für Italien und vor allem Kraft.

Aus Österreich reist man am besten über die Alpen-Adria-Autobahn A2 von Wien über Graz nach Klagenfurt und Villach an. Von dort über die A23 an die Adria und weiter über die A4 nach Genua.

Aus der Schweiz kommt man am schnellsten entweder durch den St-Gotthard- oder den San Bernadino-Tunnel nach Mailand und von dort nach Genua.

Mit der Fähre

Am schönsten sind Schiffspassagen, die am Abend beginnen. So kommen Sie am Morgen auf Sardinien an und haben noch den ganzen Tag vor sich. Wer lieber tagsüber die Schiffsreise genießen möchte: Einige Schiffe starten auch schon am frühen Morgen. Von Genua aus gehen Fähren nach Olbia, Porto Torres und Cagliari. Die Überfahrt dauert bis zu 13 Std. Sie können auch von Livorno übersetzen. Eine andere Passage nach Sardinien gibt's ab Civitavecchia. Die Autofahrt dorthin ist aber alles andere als empfehlenswert – es sei denn, Sie verbinden sie mit einem Festlandsurlaub.

Denn die direkte Verbindung führt über die sehr enge, kurvige und mit Lastwagen überfüllte Via Aurelia. Eine nicht gerade stressfreie Wegstrecke.

Von allen Häfen steuern zwei private Gesellschaften (Sardinia Ferries, Tirrenia) Sardinien an. Die Tarife für Auto und Personen schwanken saisonbedingt erheblich. Einige Preisbeispiele: Für eine Passage von Genua bis Olbia zahlen Sie pro Person und Strecke in einer Kabine zweiter Klasse ab ca. 60 €. Ein Mittelklassewagen kostet ca. 85 €. Von Civitavecchia bis Cagliari kostet die Überfahrt pro Person und Strecke für eine Kabine ca. 55 €, für einen Mittelklassewagen ca. 85 € (beides ganzjährig bei Tirrenia). Von Livorno bis Golfo Aranci beträgt der Preis für eine Dreibettkabine (mit Dusche) ab 75 €, für einen Mittelklassewagen ab ca. 55 € (von April bis September bei Sardinia Ferries).

Sie sollten sich, vor allem wenn Sie ab Genua fahren, einen Kabinenplatz reservieren. Die Kabinen sind zwar nicht sehr komfortabel, aber in jedem Fall einem »poltrone«, einem Sitz an Deck, vorzuziehen. In der Hauptsaison ist eine Vorausbuchung unbedingt notwendig!

Auskunft
Informationen über die Fährverbindungen und die Preise für Überfahrten bekommt man in den Reisebüros in D, A und der CH nur von den Linien Tirrenia, Moby Lines und Sardinia Ferries. Die Fährverbindungen von Ferrovie dello Stato sind nur über italienische Reisebüros erhältlich.

Buchungen und Informationen: Tirrenia: www.tirrenia.it, Moby Lines: www.mobylines.de, Sardinia Ferries: www.Corsicaferries.com

Auskunft

In Deutschland

Staatliches Italienisches Fremdenverkehrsamt (ENIT)
Wenn Sie sich vorab über die Insel Sardinien informieren wollen, können Sie sich über die gebührenfreie Nummer (gilt für A, D und CH) 0 08 00 00 48 25 42 Prospektmaterial bestellen. Unter www.esit.net finden Sie die Internetseite des Fremdenverkehrsverbandes der Insel.

Die stimmungsvollste Art, sich der Insel zu nähern, ist die Anreise mit der Fähre.

- Kaiserstr. 65, 60329 Frankfurt/M.; Tel. 0 69/23 74 30, Fax 23 28 94
- Berliner Allee 26, 40212 Düsseldorf; Tel. 02 11/13 22 32, Fax 14 40 94
- Lenbachplatz 2, 80333 München; Tel. 0 89/53 03 60, Fax 53 45 27

In Österreich
Kärntner Ring 4, 1010 Wien;
Tel. 01/5 05 16 39 12, Fax 5 05 02 48
Prospektbestellung: 0 08/00 00 48 25 42

In der Schweiz
Uraniastr. 32, 8001 Zürich;
Tel. 01/2 11 36 33, Fax 2 11 38 85

Auf Sardinien
Ente Sardo Industrie Turistiche (ESIT) S. 121, D 11
Via Mameli 97, 09100 Cagliari;
Tel. 0 03 90 70 66 41 95, Fax 0 70 65 82 00

Die Auskunftsbüros auf Provinzebene, **Enti Provinciali per il Turismo (EPT),** oder die städtischen Verkehrsvereine, **Aziende Autonomedi Soggiorno e Turismo (AAST),** haben einige Broschüren vorrätig. Italienischkenntnisse sind von Vorteil.

- Piazza Deffennu, S. 121 , D 11 09125 Cagliari; Tel. 0 70 65 16 98
- Piazza d'Italia, S. 119, D 6 08100 Nùoro; Tel. 0 78 43 23 07

Buchtipp

Empfehlenswert, aber leider nur noch in Antiquariaten oder in Leih-Büchereien zu haben, ist der Roman von **D. H. Lawrence: Das Meer und Sardinien** und der Roman von **Ernst Jünger: Am Sarazenenturm.** Darüber hinaus sind einige Taschenbücher erschienen, die einen kleinen Blick in die sardische Seele gewähren, z. B. der Krimi von **Marcello Fois: Der Tod wäscht alles rein** (List-Verlag) und der Roman von **Salvatore Satta: Der Tag des Gerichts** (Suhrkamp Verlag).

Camping und Caravaning

Wildes Zelten ist auf Sardinien verboten! Es ist auch nicht notwendig, da es inzwischen – zumindest an der Küste – genügend Campingplätze gibt. In der Hochsaison, besonders um den 15. August herum, ist rechtzeitiges Anmelden unbedingt erforderlich.

Derzeit gibt es rund 100 **Campingplätze** und **Feriendörfer** auf Sardinien, fast alle an der Küste. Pro Nacht zahlt man ab etwa 10 €. Den besten Überblick gibt der alljährlich vom italienischen Touring-Club herausgegebene Führer *Campeggi e villaggi turistici* in Italia.

Diplomatische Vertretungen

Honorarkonsulat der Bundesrepublik Deutschland
Via Raffa Garzia 9, 09100 Cagliari;
Tel. 0 70 30 72 29, Fax 0 70 30 72 29;
ab 12 Uhr mittags

Botschaft der Republik Österreich
Via Pergolesi 3, 00198 Rom;
Tel. 0 68 55 82 41, Fax 0 68 54 32 86

Generalkonsulat der Schweiz
Piazza Brignole 3/6, 16100 Genova;
Tel. 0 10 56 56 20, Fax 0 10 58 38 92

Italienische Botschaft in Deutschland
Karl-Finkenburg-Str. 49, 53173 Bonn;
Tel. 02 28/82 20, Fax 82 21 69

Italienische Botschaft in Österreich
Metterlinggasse 13, 1030 Wien;
Tel. 02 22/71 25 12 10, Fax 7 13 97 19

Italienische Botschaft in der Schweiz
Elfenstr. 14, 3000 Bern;
Tel. 0 31/3 52 41 51, Fax 3 51 10 26

Feiertage

An den gesetzlichen Feiertagen bleiben Banken, Büros, Behörden und Geschäfte geschlossen. Einige Souvenirläden und Autovermietungen haben geöffnet.

Viele Orte haben ihre eigenen Feste und Feiertage. Die Geschäfte haben dann nur unregelmäßig geöffnet.

1. Januar	Neujahrstag
6. Januar	Epiphanias
25. April	Tag der Befreiung
1. Mai	Tag der Arbeit
15. August	Ferragosto/Mariä Himmelfahrt
1. November	Allerheiligen
8. Dezember	Mariä Empfängnis
25./26. Dezember	Weihnachten

Fernsehen
Neben den Programmen der RAI, der staatlichen Rundfunk- und Fernsehgesellschaft, gibt es inzwischen viele Privatsender, die auch die ganze Nacht durchsenden. Der Sender VIDEOLINA aus Cagliari befasst sich mit sardischen Themen.

FKK
»Oben ohne« hat sich inzwischen sogar bei einigen Sardinnen in Cagliari durchgesetzt, ist in kleineren Orten aber noch immer unüblich. FKK ruft nicht nur Unverständnis und Aggressionen hervor, sondern auch ganz schnell die Polizei herbei.

Fotografieren
Filme sollten Sie sich aus Deutschland mitbringen, da sie auf Sardinien deutlich teurer sind. Auch wenn es noch so verlockend erscheint, sollten Sie in jedem Fall die Menschen vorher fragen, ob Sie sie fotografieren dürfen. Bei Kindern fragen Sie die Eltern.

In Museen ist das Fotografieren verboten, in Kirchen sollten Sie auf das Blitzlicht verzichten.

Geld
Seit der Euro-Umstellung kann man eines ganz deutlich sagen: Sardinien ist ein herrliches Ferienziel, denn die Alltäglichkeiten sind enorm preiswert. Nur ein kleines Beispiel: Wenn Sie sich irgendwo niederlassen, um einen Latte macchiato zu genießen, zahlen Sie meistens nur 1 €. Manchmal auch 1,50 €, aber das ist eher die Seltenheit. Brot, Obst und Gemüse haben vernünftige Preise. Kleidung ist im Schnitt 10 bis 15 % preiswerter als in Deutschland.

Amüsant ist – keiner kann es sich erklären –, dass die italienischen Euro-Scheine schon dieselbe Patina wie einst die Lire-Scheine bekommen. Auch die Münzen sehen aus, als wären sie bereits seit Jahren im Umlauf. Gewöhnt haben sich die Italiener allerdings – ähnlich wie die Deutschen

Elegante Schönheiten beim Tête-à-Tête vor der Insel Caprera.

Nebenkosten in Euro

1 Tasse Kaffee	1,00–2,00
1 Bier	1,80–2,70
1 Cola/Limo	1,20–2,00
1 Brot (ca. 500g)	ca. 1,50
1 Schachtel Zigaretten	ca. 3,00
1 Liter Super-Benzin	ca. 1,10
Fahrt mit öffentl. Verkehrsmitteln (Einzelfahrt)	ca. 1,00
Mietwagen/Tag (inkl. Steuer und Versicherung)	ab ca. 55,00

auch – noch nicht an die neue Währung. Auch sie rechnen noch in Lire. Teilweise sind Artikel in Geschäften auch noch doppelt ausgezeichnet, in Lire und Euro.

Kreditkarten werden in großen Geschäften sowie in besseren Hotels und Restaurants akzeptiert.

Internet

Nützliche allgemeine Informationen erhalten Sie im Internet unter **www.sardegna.com**

Privattipps von Reisenden finden Sie unter **www.sardegna.net**

Außerdem finden Sie unter **www.sardinien.de** Informationen zu Ferienwohnungen, Mietwagen und Flügen.

Auf den Seiten **www.keya-sardegna.it** gibt es Informationen zu Kultur, Sport und Wanderungen auf der Insel.

Kleidung

Im Hochsommer reicht leichte Kleidung. Trotzdem ist es sinnvoll, noch eine Windjacke und einen Pullover mitzunehmen. Wichtig ist – für Wanderungen, Besichtigungen von Nuraghen und Höhlen –, dass Sie festes Schuhwerk im Gepäck haben. Im Frühjahr und Herbst ist Regenkleidung unerlässlich.

Medizinische Versorgung

In vielen Feriensiedlungen gibt es im Sommer die **Guardia Medica Turistica**, eine Ambulanz, die vor allem für Feriengäste da ist. Einen Arztbesuch zahlt man am besten selber und lässt sich das Geld zu Hause von der Krankenversicherung wiedergeben. Der Abschluss einer privaten Auslandskrankenversicherung ist empfehlenswert.

Notruf

Carabinieri Tel. 112
Polizei Tel. 113
Feuerwehr Tel. 115
Pannenhilfe Tel. 116

Post

Postämter finden Sie auch in vielen kleinen Ortschaften. Üblicherweise haben sie von 8–13 Uhr, in großen Städten oft bis 20 Uhr geöffnet.

Reisedokumente

Für Bürger der EU entfallen zwar alle Vorschriften, es bietet sich aber dennoch an, mit den nüblichen Papieren zu reisen. Schweizer benötigen an der Grenze zur EU einen gültigen Personalausweis. Kinder müssen bis zu einem Alter von 16 Jahren einen Kinderausweis dabei haben oder im Ausweis der Eltern eingetragen sein. Das gilt auch für die Anreise über die Schweiz, Österreich und Frankreich.

Reiseknigge

In Kirchen

Auch wenn die Temperaturen in den Sommermonaten auf über 40° C steigen können, sollten Sie die gläubigen Menschen bei Kirchen-Besichtigungen respektieren und die Kirchen nur in angemessener Kleidung betreten. Auch das Fotografieren mit Blitzlicht ist in den meisten Kirchen (und Museen) verboten.

In Restaurants
In guten Restaurants ist es durchaus üblich, dass man am Eingang wartet, bis ein Kellner kommt, um einen Tisch zuzuweisen.

Trinkgeld
Es gilt das ungeschriebene Gesetz, etwa 10 % des Rechnungsbetrages als Trinkgeld zu geben. Wenn Sie zufrieden sind, sollten Sie das tun, auch wenn der Service in der Rechnung schon enthalten ist. Vermeiden Sie es bitte, sich im Restaurant die kleinen Münzen vorrechnen zu lassen ... Für Sarden unbekannt ist das getrennte Zahlen einzelner Gäste. Am besten einigen Sie sich vor dem Bezahlen und geben dem Kellner die Summe in einem Betrag.

Wasserknappheit
Da gerade in den Sommermonaten das Wasser auf Sardinien sehr knapp ist, es häufig tagsüber für die Bevölkerung abgestellt wird, wäre es schön, wenn man etwas bewusster als sonst duscht, abwäscht oder die Zähne putzt.

Reisewetter

Wenn Sie es einrichten können: Fahren Sie im Mai, Juni oder im September nach Sardinien. Dann ist es angenehm warm, manchmal auch heiß. Aber eine ständige Brise vor allem an der Küste macht die Sonnenstrahlen dennoch erträglich.

Auf der Insel herrscht mediterranes Klima. Im Winter kommen atlantische Tiefausläufer, im Sommer bestimmen subtropische Hochdruckgebiete das Wetter. Dementsprechend sind die Monate Juli/August vor allem im Inselinneren heiß. Der Winter dagegen ist kalt und regnerisch. Wer dennoch im Winter reisen möchte, Sardinien ohne Tourimus erleben will, sollte möglichst im Januar kommen. Dieser Monat ist zwar kalt, aber häufig sehr sonnig. Fast das ganze Jahr über ist es auf der Insel windig. Es gibt höchstens 40 wirklich windstille Tage. Diese sind dann teilweise extrem heiß.

Rundfunk

Neben den staatlichen Sendern gibt es sehr viele Privatsender, die von Ort zu Ort wechseln. Der Empfang ist zeitweilig denkbar schlecht. Deutsche Welle: Kurzwelle 49-m-Band.

(Sardische) Persönlichkeiten

Angioj, Giovanni
Der Rechtswissenschaftler und Beamte (1751–1808) führte Ende des 18. Jh. die sardische Bewegung gegen das Feudalsystem an. 1796 wurde er als Stellvertreter des Vizekönigs nach Sassari gesandt. Sein Versuch, nach Cagliari zurückzukehren, scheiterte. Die Truppen des Vizekönigs besiegten ihn. Er floh von Sardinien nach Paris und starb dort.

d'Arborea, Eleonora
Die energische Richterin (1340–1402) übernahm 1388, nach dem Tod ihres Bruders, die Regierung über das Judikat Arborea. 1392 erließ sie die »Carta de Luogu«. Dabei handelte es sich um ein Zivil- und Strafgesetzbuch. Nachdem die Aragonier die Gültigkeit auf ganz Sardinien ausbreiteten, blieb es bis 1827 in Kraft. Die Richterin starb vermutlich 1402. Sie erlag der Pest.

Deledda, Grazia
Die Schriftstellerin aus Nùoro (1871–1936) erfuhr für ihre Werke in ihrer Heimat Sardinien nur wenig Anerkennung. Ihre Bücher schickte sie aufs Festland, nach Italien. 1900 ging sie nach Rom. In allen ihren Romanen widmete sie sich dem Leben in der Barbagia mit seinen Facetten. Zu den berühmtesten Werken zählen zum Beispiel ihr autobiographischer Roman »Cosima«, »Canne al vento« (Schilf im Wind) und ihr erstes Werk »Elias Portolu«. Einige ihrer Bücher wurden auch ins Deutsche übersetzt.

»Che bella!« Sardin in der traditionellen Hochzeitstracht von Nùoro. Auf dem Kopf balanciert sie ihre Aussteuer, die schneeweiße Wäsche.

Gramsci, Antonio
Der gebürtige Sarde und Literaturwissenschaftler (1891–1937) arbeitete kaum in seinem eigentlichen Beruf. Er ging in die Politik, war dann 1927 Mitbegründer der Kommunistischen Partei Italiens, wurde schließlich Generalsekretär. 1926 verhaftete ihn die faschistische Polizei. Gramsci wurde zu 20 Jahren Haft verurteilt. 1933 entließ man ihn aus dem Turiner Gefängnis. Er kam in ein römisches Krankenhaus, wo er – gezeichnet von Krankheit und Haft – starb. Seine Briefe aus der Gefangenschaft, die »Lettere dal carcere«, erschienen 1965.

Lussu, Emilio
Der Rechtswissenschaftler (1890–1975) nahm in den Reihen der Brigata Sassari am Ersten Weltkrieg teil. Anschließend schrieb er das Buch »Un' anno sull' altopiano«. Es behandelt seine Erlebnisse im Krieg. Später (1948) gehörte er zu den Mitbegründern des Partito Sardo d'Azione Socialista, der Sardischen Aktionspartei. Sie vertrat die ehemaligen Soldaten. 1926 wurde er verhaftet, da er einen Faschisten getötet hatte. Man verbannte ihn auf die Insel Lipari, von der er floh. In Frankreich gründete er mit vielen anderen eine antifaschistische Bewegung. Nach einer Zeit im Widerstand wurde Lussu 1945 Sekretär der Italienischen Aktionspartei.

Pigliaru, Antiono
Der Universitätsprofessor (1911–1988) für Staatslehre in Sassari gründete die demokratische Zeitschrift »Ichnusa« und leitete sie 20 Jahre lang, von 1949 bis 1969. Die Zeitschrift widmete sich der sardischen Autonomie.

Satta, Sebastiano
Wie auch Grazia Deledda gehört Satta zu den bedeutendsten Dichtern Sardiniens. 1893 veröffentlichte der Rechtsanwalt (1867–1914) gemeinsam mit Freunden die Werke »Nella terra dei nuraghes« und die »Versi ribelli«. Anschließend, teilweise erst

nach seinem Tod, wurden weitere Gedichtbände veröffentlicht.

Wagner, Max Leopold
Der Sprachwissenschaftler aus München (1880–1962) veröffentlichte die wohl wichtigsten Standardwerke zur sardischen Sprache: »La Lingua Sarda« 1950 und das »Dizionario Etimologico Sardo« von 1960 bis 1964. Über 50 Jahre gab es für Wagner nur noch die Sarden und ihre Sprache; er widmete dem Inselvolk sein Leben. Wagner starb in New York.

Sprache
Die offizielle Amts- und Schulsprache ist Italienisch – sehr zum Ärger vieler Sarden, die das Sardische gern zumindest als zweite Amtssprache sehen würden. Für viele Kinder – vor allem aus den ländlichen Regionen – ist die Verständigung sehr schwierig, da sie nur Sardisch können.

Die sardische Sprache stammt – wie die italienische – aus dem Romanischen. Auch heute noch gibt es sehr viele Dialekte. Die Hauptdialekte sind: Nuoresisch, Barbaricinisch (aus dem Inselinneren), Lugoduresisch (im nordwestlichen Hinterland), Campidanesisch, Gallurisch und Sassaresisch. In Alghero sind außerdem katalanische Klänge zu hören.

Stromspannung
Sie beträgt 220 Volt. Da die Stecker oft nicht passen, sollten Sie sich einen Adapter mitbringen.

Telefon
Inzwischen haben sich auch auf Sardinien Telefone durchgesetzt, die mit Karten zu bedienen sind. Dennoch existieren, vor allem in Bars, noch die alten Apparate, die nur mit speziellen Münzen, den »gettoni«, funktionieren. Einige Bars haben auch Telefone mit Einheitenzählern. In größeren Orten bieten die SIP-Gesellschaften öffentliche Telefone, die ebenfalls mit Einheitenzählern funktionieren.

Vorwahlen
I → D 00 49
I → A 00 43
I → CH 00 41
D → I 00 39
A → I 0 40
CH → I 00 39

Wegzeiten (in km) zwischen wichtigen Städten

	Alghero	Arbatax	Cagliari	Iglésias	Nùoro	Olbia	Orgósolo	Oristano	Porto Cervo	Villasimius
Alghero	–	231	229	226	151	136	171	106	166	278
Arbatax	231	–	145	200	101	183	121	205	213	125
Cagliari	229	145	–	55	184	266	204	93	296	49
Iglésias	226	200	55	–	211	183	221	120	213	104
Nùoro	151	101	184	211	–	114	20	91	144	226
Olbia	136	183	266	183	114	–	134	163	30	308
Orgósolo	171	121	204	221	20	134	–	163	173	240
Oristano	106	205	93	120	91	163	111	–	193	142
Porto Cervo	166	213	296	213	144	30	164	193	–	338
Villasimius	278	125	49	104	226	308	240	142	338	–

In der Gallura werden edle Tropfen – vorwiegend Weißweine mit D.O.C-Gütesiegel – gekeltert (→ MERIAN-Spezial, S. 18).

Die erste Null der Ortsvorwahl ist in ganz Italien jeweils zusätzlich zu wählen.

Tiere

Besitzer von Haustieren müssen bei der Einreise ein amtstierärztliches Gesundheitszeugnis bei sich haben, das höchstens einen Monat alt ist. Außerdem den Nachweis einer Tollwutimpfung, die mindestens 20 Tage und höchstens elf Monate alt ist.

Für Hunde sollten Sie einen Maulkorb und eine Leine bei sich haben, denn auf den Fähren, in Bussen und Zügen herrscht Maulkorbpflicht. Katzen müssen auf den Fähren in Käfigen oder Körben transportiert werden. In Restaurants werden Sie kaum Hunde antreffen. Sie sind nicht gern gesehen.

Verkehrsverbindungen

Mietwagen, eigenes Fahrzeug und Taxis

Mietwagenstationen gibt es vor allem an den Flughäfen Olbia und Cagliari. Dort haben sich inzwischen alle gängigen internationalen Verleihfirmen angesiedelt. Angeboten werden Wagen verschiedener Klassen. Bevor Sie sich für ein Fahrzeug entscheiden, sollten Sie unbedingt die Preise der verschiedenen Anbieter vergleichen, denn sie differieren zum Teil ganz erheblich. In Cagliari ist es auch möglich, einen Wagen am Hafen zu mieten. Bei den internationalen Vermietern können Sie Ihren Wagen im Voraus buchen.

Vermieter am **Flughafen:**
Avis Tel. 0 70 24 00 37
Budget Tel. 0 70 50 63 58
Europcar Tel. 0 70 24 01 26
Hertz Tel. 0 70 24 00 37
Ruvioli Tel. 0 70 65 79 69

Wenn Sie mit dem Wagen auf Sardinien unterwegs sind: Tankstellen finden Sie in den Städten ohne Probleme, lediglich im Inselinneren sind sie etwas rarer. Achtung: Wer's eilig hat, sollte darauf achten, dass er nicht auf **Tankstellen** in der Mittagszeit angewiesen ist. Die haben nämlich meistens zwischen **12 und 16 Uhr geschlossen**! Falls Sie nicht selber tanken, sondern dies von einem Tankwart erledigt wird, sollten Sie mithilfe der Tankanzeige nochmals kontrollieren, ob Sie die bezahlte Menge tatsächlich erhalten haben. Gelegentlich kommt es hier zu kleinen Unregelmäßigkeiten.

Die **Fahrweise** der Sarden ist – wie auch auf dem Festland – für unsere Verhältnisse ziemlich chaotisch. Bei allem Chaos, bei allem Risiko fahren die Sarden dennoch sehr aufmerksam.

Hin und wieder passiert es, dass die Carabinieri aus irgendwelchen Gründen einen Wagen anhalten. Normalerweise glänzen diese Polizisten zwar nicht durch überschwengliche Höflichkeit, aber wenn man alle Papiere bei sich hat, ist eine schnelle Weiterfahrt garantiert.

Im Inselinneren sind die Straßen mancherorts sehr unübersichtlich, die Serpentinen in den Bergen sehr eng. Halten Sie sich in den Kurven weit rechts. Die waghalsigen sardischen Überholmanöver sind nicht unbedingt nachahmenswert.

In geschlossenen Ortschaften gilt 50 km/h als **Höchstgeschwindigkeit**; auf den Landstraßen 90 km/h, die auf Sardinien aber – aufgrund der Serpentinen und der Enge der Straßen – selten gefahren werden können.

Taxistände finden Sie in allen größeren Orten. Die Taxifahrer sind sehr zuverlässig, alle Wagen sind mit Taxameter ausgestattet.

Fahrrad

Fahrrad fahren ist auf Sardinien vor allem etwas für Könner mit guter Kondition. Die Straßen sind bergig und nicht ganz ungefährlich. Leihräder gibt es in einigen Hotels. Fahrräder, Mopeds und Boote vermittelt:

Palau Mare → S. 117, E 2
Palau; Tel. 07 89 70 92 60

Bahn

Die Staatsbahn, Ferrovie dello Stato (FS), betreibt auf Sardinien zwei Hauptstrecken mit täglichen Verbindungen: von Olbia nach Sassari mit Verbindung nach Porto Torres und zum Golfo Aranci sowie nach Cagliari. Eine weitere Verbindung besteht nach Iglesias und Carbonia. Ein Erlebnis ist die Fahrt mit der sardischen Schmalspurbahn. Sie benötigen für diese Fahrten allerdings etwas Zeit, da der Zug mit max. 40 km/h durch die Landschaft schaukelt. Er fährt von Alghero über Sassari nach Palau und von Cagliari nach Arbatax (→ S. 87).

Die wichtigsten Bahnhöfe

Cagliari → S. 121, D 11
Tel. 0 70 65 62 93

Olbia → S. 117, E 3
Tel. 0 78 92 24 77

Oristano → S. 118, B 7
Tel. 0 78 37 22 70

Sassari → S. 116, B 3
Tel. 0 79 26 03 62

Bus

Das Linienbusnetz auf Sardinien ist hervorragend ausgebaut. Sie können fast jedes sardische Dorf mit dem Bus erreichen. Städte und größere Ortschaften werden mehrmals täglich angefahren. Verbindungen zu kleinen Dörfern bestehen allerdings manchmal nur ein- bis zweimal wöchentlich. Bushaltestellen heißen »fermata«. Die Abfahrtszeiten erfragen Sie am besten in Bars, Restaurants und Hotels. Die Fahrkarten erhalten Sie in den »tabacchi«, den Tabak- und Zeitungsläden.

Zeitungen

Die zwei wichtigsten Tageszeitungen sind *L'Unione Sarda* und *La Nuova Sardegna*. Beide berichten über Lokal-, Festlands- und Auslandspolitik. Ferner geben sie gute Hinweise zu kulturellen Veranstaltungen.

Deutsche, österreichische und schweizerische Zeitungen und Zeitschriften finden Sie in allen größeren Städten an Kiosken, allerdings manchmal mit einem Tag Verspätung.

Zeitverschiebung

Auf Sardinien gilt die Mitteleuropäische Zeit (MEZ). Für die Sommermonate gilt: MEZ plus eine Stunde.

Zoll

Seit 1. Januar 1993 gibt es an den Binnengrenzen der Europäischen Union keine Zollkontrollen mehr für Waren, die ausschließlich für den Privatgebrauch bestimmt sind. Sicherheitskontrollen können jedoch weiterhin durchgeführt werden. Sollten die Grenzbehörden den Verdacht haben, dass Sie mit Waren handeln, werden Sie zur Versteuerung herangezogen.

Für Schweizer und den Dutyfree-Einkauf gibt es die üblichen Mengenbeschränkungen: 200 Zigaretten oder 100 Zigarillos oder 50 Zigarren oder 250 g Tabak; 1 l Spirituosen oder 1 l Likör und 2 l Wein, 50 g Parfüm oder 0,25 l Eau de Toilette.

Kartenatlas

Orientierung leicht gemacht: mit Planquadraten und allen Orten und Sehenswürdigkeiten.

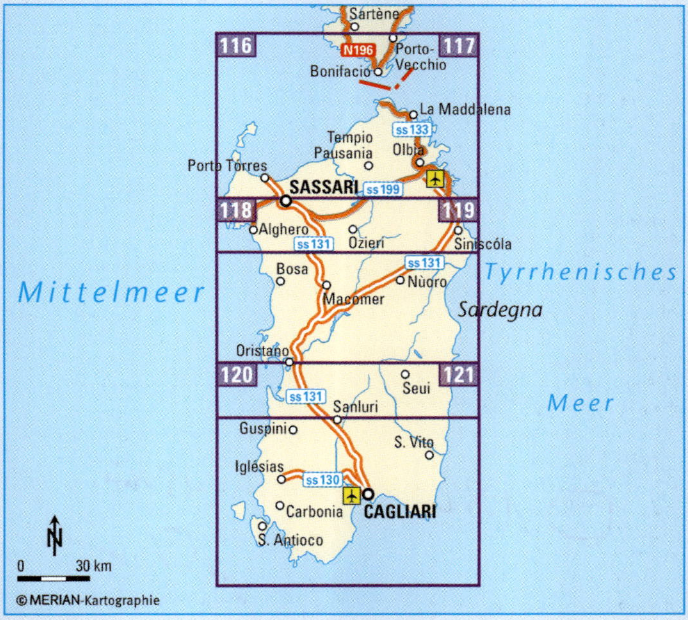

Legende

Routen und Touren

- Von der tosenden Hauptstadt in die Stille (S. 84)
- Rundfahrt durch den Südosten der Insel (S. 85)
- Mit dem Auto auf die Insel Sant'Antioco (S. 86)
- Von Cagliari nach Arbatax (S. 87)
- Eine Bahnfahrt von Mandas nach Sorgono (S. 88)
- Ausflug in die Grotta di Nettuno (S. 89)
- Wanderung von Baunei nach San Pietro di Golgo (S. 90)
- Wanderung zur Schlucht von Gorruppu (S. 91)

Sehenswürdigkeiten

- MERIAN-TopTen
- MERIAN-Tipp

Sehenswürdigkeiten ff.

- Sehenswürdigkeit, öffentl. Gebäude
- Sehenswürdigkeit Kultur
- Sehenswürdigkeit Natur
- Kirche
- Schloss, Burg; Ruine
- Museum
- Denkmal
- Leuchtturm
- Archäologische Stätte
- Höhle

Verkehr

- Autobahn
- Autobahnähnliche Straße
- Fernverkehrsstraße
- Hauptstraße
- Nebenstraße

Verkehr ff.

- Unbefestigte Straße, Weg
- Busbahnhof
- Bahnhof
- Flughafen
- Flugplatz

Sonstiges

- Information
- Theater
- Markt
- Golfplatz
- Aussichtspunkt
- Friedhof
- Nationalparkgrenze

A
B
C
1
2
3
4
Genua
Marseille
Ajaccio
Propriano
Toulon
Marseille
Tizzano
Ile des Moines
Mittelmeer
Pta. Caprara o dello Scorno
408
Isola Asinara
Cala d´Oliva
Parco Nazionale
dell´ Asinara
Fornelli
Capo del Falcone
Stintino
1:32
45 Min.
Golfo dell´ Asinara
Trinità d´Agultu e Vignola
Costa P
Castelsardo
Porto Torres
Pozzo S. Nicola
N.S. de Tergu
Sedini
Nuraghe Sas. Lada
S. Pietro di Simbranos o.d. Immagini
Perfuga
Sorso
Monte d´Accoddi
ss131
S. Michele di Plaiano
Nulvi
Martis
1:18
Argentiera
SASSARI
Osilo
Chiaramonti
Nurra
36
ss291
Mannu
SS. Trinità di Saccargia
Ploaghe
S. Antioco di Bisarcio
S. M. la Palma
Necrop. Anghelu Ruiu
Olmedo
Ossi
S. Michele di Salvenero
40
ss597
Palmavera
1:40
32
Tramariglio
Fertilia
Ittiri
Logudoro
Grotta di Nettuno
Capo Caccia
Sant. di Valverde
Mores
Alghero
Villanova Monteleone
S. Pietro di Sorres
Torralba
562
Nuraghe S. Antine
N.S. de Cabu Abbas
Romana
S. Nicolò di Trullas
Bonorva
S. Andria Pri
Padria
118
Pozzomaggiore
Montresta
Temo

D
E
F
1
2
3
4
Sotta
Figari
N198
69
138
Bonifacio
du Sdragonato
Capo Pertusato
Golfe di Sta Manza
Iles Cerbicales
Porto-Vecchio
Ile Cavallo
Iles Lavezzi
Neapel
Tyrrhenisches Meer
Bocche di Bonifacio
Isola Santa Maria
Parco Nazionale dell´ Arcipelago de la Maddalena
Isola Maddalena
Santa Teresa Gallura
Capo Testa
La Maddalena
Capo di G. Garibaldi
Isola Caprera
Capo d'Orso
Palau
ss133
Pto. o Pozzo
Liscia di Vacca
Capo Ferro
Porto Cervo
Baja Sardinia
Genua, Livorno
Vignola
Bassacutena
61
Arzachena
Costa Smeralda
Aglientu
Li Lolghi, Li Muri
ss125
Lu Coddu Vecchiu
Gallura
Pto. Rotondo
Capo Figari
Civitavecchia
Sant'Antonio
N. S. del Monte
Golfo Aranci
Lago di Liscia
Nuraghe Maiori
Olbia
19
Golfo di Olbia
Calangianus
Isola Tavolara
Tempio Pausania
Telti
Isola Molara
M. Limbara 1362
ss392
ss127
Capo Coda di Cavallo
676
Loiri
Berchidda
ss199
Monti
Lago del Coghinas
66
Padru
San Teodoro
Oschiri
P. di Senalonga 1076
971
56
Budoni
Brunella
ss389
Alà dei Sardi
Posada
M. Lerno 1094
Nuraghe Ruju
P. sa Donna 1019
La Caletta
Pattada
Buddusò
Lodè
Siniscola
827
Capo Comino
Osidda
Mannu
ss131
P. Catirina 1127
Baronia
Arbatax
Bitti
49
Bultei
Benetutti
ss389
Lula
Bono
Orune
0
15 km
N
© MERIAN-Kartographie
Cedrino
Orosei
S. Maria di Mare
Marina di Orosei
ss129

119

A
B
C
116
Monte d'Accoddi
S. Michele di Plaianu
Nulvi
Martis
Argentiera
SASSARI
Chiaramonti
36
ss291
Mannu
S. M. la Palma
Necrop. Anghelu Ruiu
Olmedo
Ossi
SS. Trinità di Saccargia
Ploaghe
S. Antioco di Bisarcio
ss597
40
Palmavera
S. Michele di Salvenero
32
Tramariglio
Fertilia
Ittiri
Logudoro
Grotta di Nettuno
Capo Caccia
Alghero
Sant. di Valverde
Mores
S. Pietro di Sorres
Torralba
Villanova Monteleone
562
N.S. de Cabu Abbas
Nuraghe S. Antine
Romana
36
auch toller Strand „La Pelosa“
S. Nicolò di Trullas
S. Andria Priu
Padria
Bonorva
Pozzomaggiore
Badde
Montresta
Temo
ss 131
Capo Marargiu
Nuradeo
Bolotana
Nuraghe M. Muradu
Sindia
Nuraghe S. Barbara
Bosa
S.M. di Corte
Suni
Macomer
Mittelmeer
2:03 Bahn
Tresnuraghes
San Leonardo de Siete Fuentes
Cuglieri
19
Sedilo
Sardegna
1050 M. Ferru
Abbasanta
Santu Lussurgio
Nuraghe Losa
Zuri
Ghilarza
Santa Caterina di Pittinuri
Córnus
Paulilatino
Lago Omodeo
Capo Mannu
Nuraghe S'Urachi
Milis
Nuraghe Frúscus
Busachi
Putzu Idu
Riola Sardo
Fordongianus
Isola di Mal di Ventre
Stagno di Cabras
33
Tirso
Sinis
Cabras
Samugheo
Marina di Torre Grande
Simaxis
Siamanna
S. Giovanni di Sinis
Oristano
Tharros
Santa Giusta
Capo San Marco
Stagno di Santa Giusta
Arborea
Golfo di Oristano
ss131
738
Usellus
Capo d. Frasca
Arborea
Ales
49
S. Antonio di Santadi
Terralba
Uras
Nuraghe Su Nuraxi
S.M. di Napoli
Campidano
Collinas
Costa Verde
Montevecchio
120
S. Gavino Monreale
Sanluri
Arbus
Guspini
Villasanta
5
6
7
8

Lago del Coghinas
ss199
Monti
117
D
E
F
Padru
San Teodoro
Oschiri
P. di Senalonga 1076
971
Brunella
56
Budoni
ss389
Alà dei Sardi
Posada
Posada
M. Lerno 1094
Nuraghe Ruju
P. sa Donna 1019
La Caletta
Pattada
Buddusò
Lodè
Siniscola
827
Capo Comino
Osidda
Mannu
ss131
Baronia
ss125
P. Catirina 1127
Bitti
Lula
49
Bultei
Benetutti
ss389
Bono
Orune
Cedrino
S. Maria di Mare
Orosei
Tirso
ss129
Marina di Orosei
Monte Ortobene 955
Grotta di Ispinigoli
Golfo di Orosei
ss129
10
Lago del Cedrino
Cala Gonone
Orotelli
Nùoro
1
Sorg. su Cologne
Dorgali
Nuraghe Arvu
Oliena
Orani
Nostra Signora di Buon Cammino
Grotta del Bue Marino
Cala Luna
58
Cedrino
Ottana
Sarule
Mamoiada
Orgósolo
846
Parco Naz. del Golfo di Orosei
Gola su Gorruppu
Flumineddu
Cala Sisine
e
g
n
a
Gavoi
Pso. di Caravai 1118
Genna Cruxi 906
Taloro
Nuraghe Abini
Fonni
Urzulei
Su Golgo
San Pietro di Golgo
Capo di M. Santu
724
Monti del
Baunei
Sorgono
905
Tonara
Pedra Longa
S. Mauro
1834
Santa Maria Navarrese
P. La Marmora
Villanova Strisaili
Lotzorai
Gennargentu
Civitavecchia
Meana Sardo
Aritzo
Parco Naz. del Gennargentu
Arbatax
ss128
Tortolì
ss389
Flumendosa
Lanusei
Seulo
Seui
Torre di Bari
Gairo
9
Bari Sardo
Nurallao
Nuraghe Accodulazzo
Sadali
981
Grotta de Su Marmori
Ulassai
Pelau
M. Santa Vittoria 1212
Mannu
Isili
Lago del Flumendosa
Foxi Manna
S. Vittoria
Serri
Tertenia
Nurri
Gergei
Orroli
Perdasdefogu
Mandas
Cagliari
Lago Mulargia
Escalaplano
Nuraghe Piscu
Pranu Mutteddu
121
Salto di Quirra
Ballao
Flumendosa
Senorbì
San Nicolò di Quirra
0
15 km
© MERIAN-Kartographie
N
5
6
7
8

120
118
A
B
C
9
10
11
12
Cabras
Samugheo
Marina di Torre Grande
Siamanna
Sinis
S. Giovanni di Sinis
Oristano
Tharros
Capo San Marco
Golfo di Oristano
Santa Giusta
Stagno di Santa Giusta
Arborea
ss131
738
Usellus
Capo d. Frasca
Arborea
Ales
49
S. Antonio di Santadi
Terralba
Uras
Nuraghe Su Nura
S.M. di Napoli
Collinas
Campidano
Costa Verde
Montevécchio
S. Gavino Monreale
Sanluri
Arbus
Guspini
Villasanta
ss126
Villacidro
Capo Pecora
1236
M. Linas
Fluminimaggiore
Serramanna
Tempio di Antas
Buggerru
549
Villasor
Iglesiente
Grotta di S. Giovanni
Domusnovas
Iglesias
58
Decimomannu
ss130
Siliqua
Uta
Gonnesa
Villamassargia
Cast. di Acquafredda
Nuraghe Seruci
Portoscuso
M. Sirai
Carbonia
M. is Caravius
1116
Capoterra
211
Carloforte
Narcao
Isola di San Pietro
S. Giovanni Suergiu
Lago di M. Pranu
Calasetta
Santadi
ss126
ss195
Giba
10
Sant'Antioco
Pto. Botte
Is Zuddas
Isola di Sant'Antioco
Golfo di Palmas
S. Anna Arresi
Teulada
Pto. Pino
301
Domus de Maria
Capo Sperone
Nuraxi de Mesu
Chia
4
7
Torre di Chia
Bithia
Costa del Sud
Isola il Toro
Capo Teulada
Capo Spartivento
Mittel

Sardo
Aritzo
Parco Naz. del Gennargentu
119
Arbatax
Tortolì
ss128
D
E
F
ss389
Flumendosa
Lanusei
Seulo
Seui
Gairo
Torre di Bari
Bari Sardo
Ulassai
9
Grotta de Su Marmori
Nurallao
Nuraghe Accodulazzo
Sadali
981
Pelau
M. Santa Vittoria 1212
Isili
Mannu
Lago del Flumendosa
Foxi Manna
S. Vittoria
Serri
Gergei
Nurri
Tertenia
Orroli
Perdasdefogu
Mandas
Lago Mulargia
Escalaplano
Nuraghe Piscu
Pranu Mutteddu
Salto di Quirra
Ballao
San Nicolò di Quirra
Senorbi
Flumendosa
Quirra
S. Nicolò Gerrei
S. Andrea Frius
S. Vito
Villaputzu
Castello Gibas
Muravera
ss131
8
ss125
Dolianova
Sárrabus
Nuraghe Asoru
Stagno delle Saline
Monastir
P. Serpeddi 1067
Burcei
S. Priamo
Sperate
Monte Sette Fratelli 1023
Stagno di Colostrai
Costa Rei
Sestu
Sinnai
Capo Ferrato
ss354
Elmas
ss131d
Quartu S. Elena
Castiadas
Stagno del Molentargius
CAGLIARI
Capo Poetto
3
9
Golfo degli Angeli
Capo S. Elia
La Maddalena
Golfo di Cagliari
Villasimius
Livorno
Civitavecchia
Neapel
Capo Carbonara
Isola dei Cavoli
Nuraghe Sa Domu S'Orcu
Nora
2
Palermo
Tunis
9
10
11
12
D
E
0
15 km
N
© MERIAN-Kartographie

Zeichenerklärung
❍ Orte
∆ Kap, Insel
▲ Gebirge, Landschaft
~ Gewässer, Strand
★ Sehenswürdigkeit
☆ Nationalpark

Hier finden Sie alphabetisch aufgeführt alle in diesem Band beschriebenen Orte und Ziele, Routen und Touren. Bei einzelnen Sehenswürdigkeiten steht jeweils der dazugehörige Ort in Klammern, bei Hotels steht zusätzlich die Abkürzung H für Hotel. Außerdem enthält das Register wichtige Stichworte sowie alle MERIAN-Tipps und MERIAN-TopTen dieses Reiseführers. Wird ein Begriff mehrfach aufgeführt, verweist die fett gedruckte Zahl auf die Hauptnennung im Band.

Liebe Leserinnen und Leser,
wir freuen uns, Ihre Meinung zu diesem Reiseführer zu erfahren. Bitte schreiben Sie uns, wenn Sie Berichtigungen und Ergänzungsvorschläge haben oder wenn Ihnen etwas besonders gut gefällt:

TRAVEL HOUSE MEDIA GmbH, Postfach 86 03 66, 81630 München
E-Mail: merian-live@travel-house-media.de Internet: www.merian.de

DIE AUTORIN
Friederike von Bülow, Jahrgang 1962, arbeitet seit 1990 als freie Journalistin für die verschiedensten Verlage. Ihre Liebe zu Sardinien entdeckte sie bereits 1982, als sie dort sechs Monate lebte.

Alle Angaben in diesem Reiseführer sind gewissenhaft geprüft. Preise, Öffnungszeiten usw. können sich aber schnell ändern. Für eventuelle Fehler übernimmt der Verlag keine Haftung.

Bei Interesse an Karten aus MERIAN-Reiseführern schreiben Sie bitte an:
iPUBLISH GmbH, geomatics
Berg-am-Laim-Straße 47
81673 München
E-Mail: geomatics@ipublish.de

FOTOS
Titelbild: »Capo d'Orso« von G. P. Müller.
Alle übrigen Fotos von H. Hartmann, außer: H. Erber/look 26; J. Greune/Look 14; Hauser/laif 12, 18, 20, 23, 42, 48, 55, 94/95; J. Huber/Bildagentur Huber 84, 90; G. Jung 78; Kaiser/laif 91; R. Krause/srt 44, 49; Laif 67, 68; M. Ripani/Bildagentur Huber 92, 111; J. Scholten 9, 113; U. Seer/Look 108; G. Simeone/Bildagentur Huber 10/11; H. Specht/laif 24, 82/83; H. Stadler/Silvestris 71; T. Stankiewicz 7, 30, 85; Timmermann/Photopress 52, 75

PROGRAMMLEITUNG
Susanne Böttcher
REDAKTION
Katja Baldewein
GESTALTUNG
wieschendorf.design, Berlin
KARTEN
MERIAN-Kartographie
PRODUKTION
Gloria Pall
SATZ/TECHNISCHE PRODUKTION
H3A GmbH, München
DRUCK
Appl, Wemding
BINDUNG
Auer, Donauwörth
GEDRUCKT AUF
Nopacoat Edition von der Papier Union

2. Auflage
ISBN (10) 3-8342-0045-X
ISBN (13) 978-3-8342-0045-7

TRAVEL HOUSE MEDIA

Ein Unternehmen der
GANSKE VERLAGSGRUPPE